Inhalt

VORWORT	7
GELEITWORT	9

GEPFLEGTE WILDNIS 11

EINEN VOGELGERECHTEN GARTEN ANLEGEN	12
Paradies aus zweiter Hand	13
Lebendige Natur	14

DIE BEWOHNER DES GARTENS 17

HÖHLENBRÜTER AUF WOHNUNGSSUCHE	18
Arten, die in Vollhöhlen / Nistkästen mit Einflugloch brüten	18
Brutdaten der Höhlen- und Halbhöhlenbrüter	26
Die bunte Welt der Spechte	28
Brutdaten der Spechte	32
HALBHÖHLEN- UND NISCHENBRÜTER IM GARTEN	34
Arten, die in Halbhöhlen und Nischen brüten	34
FREIBRÜTER IM GARTEN	43
Arten, die in freistehenden Nestern brüten	43
Brutdaten der Freibrüter	54
Vogelarten, die »überdachte« Nester bauen	56
Schwalben und Segler, anmutig schön	58
WEITERE LIEBENSWERTE MITBEWOHNER IM GARTEN	62
Nutznießer von Nistkästen	65
Die Ansiedlung der Waldohreule leicht gemacht	66

HILFE FÜR DIE VÖGEL 75

VÖGELN RICHTIG HELFEN ÜBERS JAHR 76
Wo und wie füttern? 76
Nistkästen aufhängen 80
Vogelbad und -tränke für eine optimale Vogelpflege 85
Ammerschütte und Eulenschütte – Hilfe in der Notzeit 89

GEFAHREN, DIE AUF DIE GEFIEDERTEN WARTEN 92
Beutegreifer 92
Parasiten 93
Glasscheiben als Gefahr 95
Greifvögel 96

ARBEITSPLAN: VOGELSCHUTZ IM JAHRESLAUF 102

BAUANLEITUNGEN FÜR VOGELHÄUSCHEN 107

»HANDWERKERN« FÜR DIE GEFIEDERTEN 108
Nistkästen bauen 108
Meisen-Nistkasten mit Marderschutz 112
Nistkasten für Nischenbrüter 114
Baumläufer-Nistkasten 116
Mauersegler-Nistkasten 118
Kleines Hessisches Futterhaus 120
Holz-Futtersilo 122

ANHANG 124
Stichwortverzeichnis 124
Adressen und Literatur 126
Impressum 127

Vorwort

Der vorliegende »Praxisführer Vogelschutz« möchte Lust auf Natur wecken und dafür werben, mehr ökologisch wertvolle Nischen in der Landschaft, vor allem in den Siedlungen, zu schaffen und zu erhalten. Ökologische Nischen sind Lebensräume, in denen Pflanzen ohne Zutun des Menschen gedeihen können. Sie bieten auch einer bunten, vielfältigen Tierwelt Heimat. Viel zu oft wird die Natur verfälscht, etwa dort, wo der Garten mit fremdländischen Gehölzen vollgestopft und nur fürs Auge gestaltet wird.

Schon der kleinste Garten inmitten der Stadt kann eine Oase in der Hektik der Zeit sein, ein Zufluchtsort für den gestressten Zeitgenossen, wenn er ihn als Geschenk der Natur annimmt.

Vogelschutz ist angewandter Naturschutz

Über drei Jahrzehnte Erfahrungen im Lehr- und Versuchsrevier eines Vogelschutz-Zentrums bilden die Grundlage dieses »Praxisführers Vogelschutz«. Im Buch werden insbesondere die Gartenvögel und Maßnahmen zu ihrem Schutz behandelt. Die Farbtafeln zu den Kapiteln ergänzen den Text. Die Vogeleier in natürlicher Größe sind farblich naturgetreu dargestellt, wodurch sich eine detaillierte Beschreibung im Text erübrigt.

Vogelschutz heißt, die natürliche Vielfalt zu erhalten, auch und im Besonderen für jene Generationen, die nach uns kommen! Der Praxisführer möchte Ihnen Hilfestellung geben. Dabei legt der Autor Wert darauf, Zusammenhänge zu erklären.

Eberhard Gabler

Geleitwort

Wir leben in einer für die Natur schrecklichen Zeit: Fast alles, was um uns herum kreucht und fleucht – Vögel, Insekten, Amphibien, aber auch Pflanzen bis hin zu sogenannten »Unkräutern« –, nimmt dramatisch ab. Die wenigen Naturfreunde, die helfen möchten, Artenvielfalt zu erhalten, wissen oft kaum noch, was wirklich sinnvoll ist. Da kommt der »Praxisführer Vogelschutz« gerade recht. Eberhard Gabler behandelt auf 128 Seiten vor allem den Schutz der Gartenvögel, bezieht aber auch Greifvögel, Fledermäuse und Insekten mit ein. Seine Ausführungen über vogelfreundliche Gärten, Nisthilfen, ganzjährige Vogelfütterung, Tränken etc. in vielen Details basieren auf über 30-jähriger Erfahrung im Lehr- und Versuchsrevier eines Vogelschutz-Zentrums in Baden-Württemberg. Er legt nicht nur fundierte Texte mit vielen Anregungen vor, sondern ist auch begabt, seine Ausführungen mit ansprechenden, naturgetreuen Abbildungen zu ergänzen, die auf Farbtafeln beigefügt sind – die abgebildeten Vogeleier in natürlicher Größe.

So entstand ein umfassender Praxisführer wie aus der »guten alten Zeit«, der nicht belehren will, sondern Zusammenhänge erklärt und mit Ratschlägen all denjenigen zur Seite steht, die vor allem in ihrem Gartenbereich Artenvielfalt bewahren oder auch wieder aufbauen möchten.

Prof. Dr. rer. nat. Peter Berthold
Emeritiertes Wissenschaftliches Mitglied der Max-Planck-Gesellschaft,
Direktor i. R. der Vogelwarte Radolfzell

Links: Im März kehrt die Mönchsgrasmücke, hier das Männchen, aus dem Winterquartier Afrika in ihr Brutrevier zurück und erfreut mit hellem Gesang.

GEPFLEGTE WILDNIS

»Die ganze Natur ist eine Melodie, in der eine tiefe Harmonie verborgen ist.« (Johann Wolfgang von Goethe)

Einen vogelgerechten Garten anlegen

Wenn ich durch die sommerliche Stadt oder durch das blumengeschmückte Dorf gehe, erfreue ich mich an der Blumenpracht der Vorgärten, die hier und dort einen stillen Wettbewerb der Hausbesitzer um den schönsten Garten erahnen lässt.

Kletterpflanzen an Hauswänden wie der Efeu *(Hedera helix)* bieten Gartenvögeln Brutplätze, Schutz und Futter.

Als geduldiger Naturbeobachter aber entdecke ich nicht selten, dass hinter dem täglichen Bemühen des Blumenfreundes, dem Garten das Makelloseste an Farbe und Reinheit abzugewinnen, der Einsatz mit der »chemischen Keule« steht. In vielen Gartenhütten füllt deshalb eine bunte Sammlung verschiedener Spritz- und Stäubemittel gegen fressende und saugende »Schädlinge« die Regale, und stellenweise ist der wundersame Duft blühender Rosen mit jenem bedrohlichen Geruch von tödlicher Chemie angereichert.

Wenn dann noch eine Gärtnerkommission, alles gestandene »Naturfreunde«, einem dieser überladenen Gärten das »Goldene Prädikat« verleiht, ziehe ich mich sehr, sehr nachdenklich in meine kleine gepflegte Wildnis zurück und erfreue mich am Gesang und an der Lebendigkeit meiner gefiederten Freunde, an den Faltern, Bienen und Hummeln und an den schillernden Käfern, die in meinem Garten den heimtückischen Tod nicht zu erleiden haben. Auch Gänseblümchen, Ehrenpreis und Distel, wo immer sie sich ihren Platz erkämpfen, haben kein Gift zu fürchten und dürfen gedeihen.

Paradies aus zweiter Hand

Ohne großen körperlichen und finanziellen Aufwand habe ich meine Vogeloase am Rand der Stadt gestaltet. Axt, Spaten und Schere kamen dabei nur behutsam zum Einsatz, und das herausgenommene tote Holz übergab ich nicht dem Müllwagen, sondern schichtete es in einer Ecke als Vogellaube für Zaunkönig und Rotkehlchen auf; darunter bekam der Igel eine Holzkiste als Wohnung (siehe Seite 65).

Es war Herbst damals, als ich den Garten, einen dunklen, verwilderten Holz- und Steinlagerplatz mit unbrauchbaren Gerätschaften, übernahm. Die Bäume und Sträucher waren ohne Laub, und ich fand in ihnen die verlassenen Nester der Grasmücken. Im rissigen Stamm des altersschwachen Apfelbaums, der nicht mehr die Kraft besaß, Früchte zu tragen, sah ich die Höhle des Kleinspechts. Als ich den schräg stehenden Baum frei geschnitten hatte, war er von wunderschöner Gestalt mit seinen in den Himmel greifenden dürren Zweigen – ein Bildhauer hätte ihn nicht schöner als Denkmal formen können!

Die Hecken um den Garten herum lichtete ich behutsam aus und band ein paar Zweige der Schneebeeren als Nistquirle für die Grasmücken zusammen. Die freie Fläche in der Mitte des Gartens wurde Wiese mit allem, was die Nachbarn Unkräuter nennen, etwa Löwenzahn, Ehrenpreis oder Gänseblümchen. Winzige Pflänzchen sind darunter von eigener Schönheit, schlicht die meisten in ihrem Wuchs und unscheinbar in ihrer Blüte, aber hartnäckig ihren Platz zwischen den wuchernden Gräsern behauptend – kraftvolles Leben auf kleinster Fläche, das keine ordnende Hand braucht.

Mein vogelfreundlicher Garten ist eine »gepflegte Wildnis«, in der sich Mensch und Tier wohlfühlen.

Hartriegel, Liguster, Pfaffenhütchen und Holunder, allesamt einheimische Straucharten, durften ihren Standort behalten. Als Nachbarn bekamen sie Kornelkirsche und Berberitze, deren Früchte im Herbst Vogelnahrung sind. Der an der Hütte wuchernde Efeu blieb unverändert als idealer Brutplatz und als Versteck für einige Vögel.

Als der erste Schnee fiel, erfreuten sich die Daheimgebliebenen unter den Gefiederten an der neuen Nahrungsquelle, die ihnen das große Hessische Futterhaus bot – durch sein tief herabneigendes Dach ist das Futter vor Schnee und Regen geschützt.

Im Frühjahr entstanden Vogelbad und -tränke sowie Nistkästen aus dem Stammstück einer vom Sturm gefällten Erle, die mir ein Zimmermann großräumig ausgehöhlt hat. Als dann Hartriegel und Geißblatt blühten, fütterten Blau- und Kohlmeisen ihre Jungen, und in einer Astgabel der kleinen, krummen Birke am Zaun baute ein Buchfinken-Paar sein kunstvolles Nest aus Moos und Flechten.

In nur einer Woche beobachtete ich in meiner kleinen Wildnis acht Vogelarten, freute ich mich über die Anwesenheit des Igels, den seine schwarzen, glänzenden Kotwürstchen auf dem Plattenweg verrieten, und über die Zauneidechse auf der Lesesteinmauer. Ich hatte alle Steine, große und kleine, die ich im Garten fand, und ein paar Sandsteinplatten vom Steinbruch zu einer stolzen Trockenmauer aufgesetzt und zwischen die Steine Baumscheiben mit vielen unterschiedlich großen Bohrlöchern eingefügt. Bereits im März schwärmten die Mauerbienen in großer Zahl und sorgten für die nächste Bienengeneration.

Lebendige Natur

Es ist mit einfachen Mitteln und ohne großen finanziellen Aufwand möglich, über-

Beeren und Früchte sind eine willkommene Vogelnahrung. Hier verzehrt ein Mönchsgrasmücken-Weibchen Holunderbeeren.

Wasserbad und -tränke locken viele Vögel in den Garten. Sogar Stockenten vom nahen Weiher schöpfen das saubere Wasser meiner kleinen Tränke.

all – sogar auf dem Balkon oder auf dem Hausdach – Mini-Ökonischen zu gestalten. Die Natur wird es uns mit bunter Lebendigkeit danken!

Meine Vogellaube wetteifert nicht mit buntem Blütenzauber um das Prädikat »Schönster Garten«, nein, sie war und ist Natur von faszinierender Lebendigkeit, in der die Vögel Schutz, Wohnraum und Nahrung finden zu allen Jahreszeiten, denn ich biete ihnen auch sommertags wohldosiert das beste Futter an. Das finden sie nicht in den tot gepflegten Gartenschönheiten ringsum oder in der ausgeräumten und versiegelten Landschaft vor den Toren der Ortschaften, in der einige Arten gar ums Überleben kämpfen. Wenn die Stockenten vom nahen Weiher das saubere Wasser meiner kleinen Tränke schöpfen, die Teichhühner und verschiedene Drosseln auf der Miniwiese Würmer auflesen und die jungen Rotkehlchen sich auf dem Steinweg mit ausgebreiteten Fittichen sonnen, ohne sich an meiner Anwesenheit zu stören, dann fühle ich mich als geduldeter, dankbarer Gast in ihrem kleinen Reich, der für ihren Schutz verantwortlich ist. Und das ist eine großartige Aufgabe! Ich hüte mich davor, die Natur beherrschen zu wollen. Wer das versucht, hat ihre wilde Schönheit nicht erkannt!

DIE BEWOHNER DES GARTENS

»Am Neste kann man sehen, was für ein Vogel darin wohnt.« (Sprichwort)

Höhlenbrüter auf Wohnungssuche

Früher versorgten nur die Spechte andere höhlenbewohnende Vögel und Kleinsäuger mit Wohnraum. Später erkannten aufmerksame Naturbeobachter den Wert höhlenbrütender Vögel für die Natur und unterstützten sie.

Nachdem aufmerksame Naturbeobachter in der sich rasch ausbreitenden Wald- und Landwirtschaft die Nützlichkeit höhlenbrütender Vögel als Vertilger von Schadinsekten erkannt hatten, entwickelte und baute man nach dem Muster der birnenförmigen Spechthöhle Nistkästen, um die Kleinvögel zu unterstützen – der Vogelschutzgedanke war geboren. Geprägt war diese Epoche von den ersten wissenschaftlichen Versuchen zur Vogelansiedlung durch den Altmeister des Vogelschutzes, Hans Freiherr von Berlepsch, auf Schloss Seebach. Ihm folgten viele namhafte Naturschützer, die sich mit Herz und Seele der heimischen Vogelwelt verschrieben hatten und die mit sichtbaren Erfolgen den Naturschutzgedanken unter die Bevölkerung brachten.

Aus der Spechthöhle wurde der gezimmerte Holznistkasten und später der Holzbetonkasten – den es mittlerweile nicht nur als Vollhöhle gibt, sondern auch als Halbhöhlenkasten. Einschlägige Firmen wetteiferten um die besten und zuverlässigsten Modelle. Ein spezieller Firmenzweig versorgt Vogelfreunde weltweit mit Nistkästen und Futterhäusern, aber auch mit Vogelfutter und mit fachspezifischer Literatur.

Ab Seite 111 finden Sie ein paar Bauanleitungen für Nistkästen und Futterhäuschen, auf Seite 126 weiterführende Literatur zu diesem Thema.

WER BRÜTET WO?

Höhlenbewohnende Vogelarten kann man unterscheiden in Vollhöhlenbrüter und Halbhöhlen- oder Nischenbrüter.
- **Höhlenbrüter** ziehen ihre Jungen im Schutz einer Baumhöhle, alternativ eines Nistkastens auf.
- **Halbhöhlenbrüter** bauen ihre Nester in Nischen, etwa hinter abstehende Rinde, in Mauerlöcher oder unter Vorsprünge.

Arten, die in Vollhöhlen / Nistkästen mit Einflugloch brüten

Meisen machen den Großteil des Vogelvolks im Garten aus. Sie sind lebhafte Zweigturner, die sehr gründlich Blüten, Blätter und Rinde nach kleinen Insekten

BILDTAFEL Höhlenbrüter

1 Kohlmeise *(Parus major)* **2** Blaumeise *(Cyanistes caeruleus,* Syn. *Parus caeruleus)* **3** Tannenmeise *(Periparus ater,* Syn. *Parus ater)* **4** Haubenmeise *(Lophophanes cristatus,* Syn. *Parus cristatus)*

absuchen. Als Helfer gegen Schadinsekten im Garten und in der Forstwirtschaft ist ihr Nutzen von großer Bedeutung, viele fallen aber jährlich der »chemischen Keule« zum Opfer. Natürliche Verluste durch extreme Witterung oder Beutegreifer werden oft durch Zweitbruten oder Not-Nachgelege ausgeglichen.

Die **Kohlmeise** *(Parus major),* die größte unserer Meisen, bevorzugt als Lebensraum Gärten, Parks und alte Friedhöfe, auch mitten in Großstädten, sowie aufgelockerte Mischwälder, die Nisthöhlen und reichlich Nahrung bieten. Sie ernährt sich überwiegend von Insekten aller Arten und deren Larven, aber auch ganzjährig von feinen Sämereien und im Winter von öl- und fetthaltigem Futter (siehe »Vögeln richtig helfen übers Jahr«, Seite 76ff.).
Kohlmeisen sind zwar überwiegend reviertreu, streichen aber zeitweise in der weiteren Umgebung umher. Östliche und nordische Vögel erscheinen im Winterhalbjahr auch invasionsartig im mittleren Europa.
Ab April, oft schon im März, baut das Weibchen ein Nest aus Moos, Halmen und Würzelchen. Meistens werden Tierhaare und Wolle mit eingebaut. Beide Altvögel füttern. Zweitbruten sind bekannt, meist

ist das zweite Nest dann etwas einfacher gebaut. Nur bei Mangel an Höhlen wird die zweite Brut im gleichen Nest gezeitigt.

Blaumeisen *(Cyanistes caeruleus,* Syn. *Parus caeruleus)* kann man wie Kohlmeisen das ganze Jahr über bei uns beobachten. Sie bewohnen den gleichen Lebensraum wie die größere Art und ernähren sich ähnlich. Auch ihre Nester sind vergleichbar, allerdings verbaut das Blaumeisen-Weibchen viele Federchen.
Blaumeisen brüten in der Regel zweimal im Jahr, im April und im Juli. Für das kleine Weibchen ist es eine enorme Leistung, die bis zu 12 Eier zu bebrüten, wobei die übereinanderliegenden Eier häufig gewendet werden, um eine gleichmäßige Bebrütung zu erzielen. Beide Altvögel füttern die Jungen auch nach dem Ausfliegen noch einige Tage.

Noch zierlicher als die Blaumeise ist die **Tannenmeise** *(Periparus ater,* Syn. *Parus ater).* Typisch sind die weißen Backen und der weiße Nackenfleck im schwarzen Kopfgefieder. Sie ist Stand- und Strichvogel in Mitteleuropa, nordische und östliche Populationen ziehen mitunter invasionsartig im Winterhalbjahr nach Südwesten.
Die Tannenmeise ist der typische Nadel- und Mischwaldbewohner, brütet aber vereinzelt auch in waldnahen Gärten. Nicht selten findet man Nester in Mäusebehausungen an vegetationsreichen Waldhängen und Böschungen, in anderen Erdlöchern, auch in Wurzelstöcken. Die Tannenmeise bezieht aber auch Nistkästen mit kleinem Einflugloch, die nicht zu hoch hängen. Oft schon im März ist das Moosnest fertig. Ausgepolstert wird es mit Tierwolle, Tierhaaren und feinen Würzelchen.

Die **Haubenmeise** *(Lophophanes cristatus,* Syn. *Parus cristatus),* der Vogel mit dem spitzen, schwarz-weiß gesprenkelten Häubchen, bewohnt vorzugsweise Nadelwälder oder Parks mit reichlich Nadelholzanteil. Fehlen geeignete Nisthöhlen in alten Baumbeständen, zimmert sie die Bruthöhle selbst in morsche Baumstämme oder Äste. Nistkästen nimmt sie bei Mangel an geeigneten Naturhöhlen an. Im Winter ist die Haubenmeise eine auffällige Erscheinung am Futterhaus und nicht scheu. Sie nimmt dort vor allem Fettfutter und fettreiche Samen.
Ab Mitte März ist das dickwandige Nest aus Moos und Flechten, mit Bastfasern durchwirkt und innen mit Tierwolle ausgekleidet, fertig. Das zweite Gelege ist oft kleiner. Die Nestlinge werden von beiden Altvögeln mit Insekten und weichen Beeren versorgt. Unverkennbar ist das stets erregt anmutende »Gürr, gürr«, das während ständiger Bewegungen im Gezweig gerufen wird, oft eingeleitet mit einem harten »Zii«.

Die **Sumpfmeise** *(Poecile palustris,* Syn. *Parus palustris),* kenntlich an dem glänzend schwarzen Kopfplättchen und dem ebenso schwarzen Lätzchen, bewohnt neben den bei der Kohlmeise beschriebenen Biotopen auch Feldgehölze, wenn Baumhöhlen vorhanden sind. Nistkästen nimmt sie nur in Ermangelung von Naturhöhlen als Brutstätte an. Sie ist ebenfalls auf Insektennahrung spezialisiert, nimmt aber auch Samen von Kräutern und Gräsern. Im Winterhalbjahr werden vermehrt Sämereien aufgenommen, außerdem Fettfutter und Beeren an Fütterungen. Beide Altvögel versorgen die Nestlinge in der Höhle.

Im Federkleid ähnlich wie die Sumpfmeise erscheint die **Weidenmeise** (Poecile montanus, Syn. Parus montanus), allerdings ist die Kopfplatte nicht glänzend, sondern matt schwarz. Bevorzugte Lebensräume sind feuchte Waldgebiete und Auwälder mit zerfallenden Wurzelstöcken und morschen Stämmen, in die die Meise ihre Bruthöhle zimmert. Selten brütet sie in künstlichen Höhlen. Das Nest unterscheidet sich von den Nestern der anderen Meisen durch den lockeren Unterbau aus Pflanzenhalmen, Baststückchen und vielen Knospenschuppen der Rotbuche. Die Nestlinge werden in der Höhle von beiden Altvögeln mit Insekten und Spinnentierchen versorgt.

Als Stand- und Strichvogel ist der **Kleiber** (Sitta europaea) ganzjährig in Laub- und Mischwäldern, Parks und Gärten zu beobachten. Im Vorfrühlingswald ist er eine markante Erscheinung. Weithin hörbar schallt sein schneller Triller »Wiwiwiwi«,

Oben: Sumpfmeise
Unten: Zwei junge Kohlmeisen eines Nachgeleges. Die Erstbrut starb an Unterkühlung.

unterbrochen von anderen hellen Lauten. Sein langer, spitzer Schnabel ermöglicht es ihm, auch tief hinter der Baumrinde verborgene Insekten zu greifen (siehe Schnabelformen, Seite 27).

Oft sehen wir diesen Klettervogel kopfüber bei der emsigen Nahrungssuche an Baum und Zweig. Er ist bei uns der einzige Singvogel, der stammabwärts mit dem Kopf nach unten klettern kann. Insekten, deren Larven und Sämereien aller Art, Bucheckern und im Winter auch Fettfutter bilden seine Hauptnahrung. »Kleiberschmieden« sind Baumspalten oder Risse in der Rinde, in die der Kleiber harte Samen oder Kerne klemmt, um diese mühelos aufzumeißeln – eine Eigenart, die auch unsere Spechte zeigen.

Sein Nest, ein einfacher, aber voluminöser Bau aus aufgeschichteten Rindenstückchen, Spiegelrinde von Kiefern und trockenen Blättern, baut der Kleiber in Baumhöhlen oder in Nistkästen. Das Einflugloch zur

BILDTAFEL Höhlenbrüter

Kleiber *(Sitta europaea)*

Der Kleiber hat das ovale Flugloch des Giebelkastens mit feuchtem Lehm verkleinert. Diese »Mauerarbeit« ist arttypisch und verhalf dem Vogel zu seinem Namen.

Höhle wird, wenn es zu groß ist, mit einem Lehm-Speichel-Gemisch verkleinert oder, selbst wenn es passend wäre, umschlossen; der Bautrieb des Kleibers ist erstaunlich und oft so stark, dass er sogar große Fluglöcher in Eulennistkästen bis auf eine für ihn passende Öffnung zumauert. Nicht selten passiert es, dass sich harte, dicke Lehmbrocken im Kasteninneren lösen und auf Gelege und Brut fallen.

Baumhöhlen und Nistkästen mit einem großen Einflugloch veranlassen vielleicht den **Star** *(Sturnus vulgaris)* zum Brüten.

BILDTAFEL Höhlenbrüter

1 Haussperling *(Passer domesticus)* 2 Feldsperling *(Passer montanus)*

Stare bauen ziemlich einfache, lockere Nester aus Stroh, Stängeln, Federn, selten auch Blüten von Gartenblumen. Beide Partner brüten und versorgen die Jungen, auch noch einige Zeit nach dem Ausfliegen. Die Stimme ist eine Mischung aus Schmatzen, Schnalzen und Flöten und wird vielerorts als »Frühlingskünder« gewertet. In einigen Gegenden Deutschlands registrieren Experten alarmierende Populationseinbrüche bei diesem einst häufigen Vogel. Das Vogelsterben stimmt traurig!

Haussperlinge *(Passer domesticus)* werden auch den kleinsten Garten im Schwarm aufsuchen, wenn es dort dichte Hecken und etwas zu fressen gibt, zum Beispiel Sämereien, Beeren und Früchte, aber auch allerlei Insekten. Als Koloniebrüter suchen sie Hohlräume unter Dächern und Mauerspalten auf, wo sie ihre oft großen Nester aus Halmen, Moos, Papier und vielen Federn bauen. Sie beziehen auch Nistkästen. Beide Altvögel brüten und füttern die Jungen auch noch lange nach dem Ausfliegen.

Der **Feldsperling** *(Passer montanus)* nistet als Einzelbrüter nicht selten in Gärten. Auch er ist ein eifriger Nestbauer, der den Nistkasten oft bis unter das Dach mit dem federreichen Nest vollstopft. Seine Spielnester (siehe Seite 38) »schmückt« er gern aus mit buntem Stoff und sogar mit Blüten vom Garten. Beide Partner brüten und füttern die Jungen mit Insekten, weichen Pflanzenteilen und Sämereien.

Im April kehrt der bei uns nur gebietsweise brütende **Halsbandschnäpper** *(Ficedula albicollis)* aus seinem tropischen Winterquartier in sein sonniges Brutgebiet zurück. Findet er in lichten Wäldern und Parkanlagen hohle Bäume oder Nistkästen, zeigt er sich dem Menschen gegenüber nicht scheu. Das Nest ist ein lockerer Grasbau mit vielen Würzelchen und etwas Laub. Die Nestlinge werden von beiden Partnern mit allerlei Insekten versorgt. Im September verlassen uns die Schnäpper Richtung Winterquartier.

Der in Ostafrika überwinternde **Trauerschnäpper** *(Ficedula hypoleuca)*, der Ende April, oft erst im Mai zurückkehrt, bewohnt Gärten und Parks mit alten Bäumen, die ihm Bruthöhlen oder Nistkästen bieten. Selbst in kleinen Gärten ist er dann keine Seltenheit. Sein Nest ähnelt dem des Halsbandschnäppers.
Die Männchen beider Schnäpperarten fallen durch das schwarz-weiße Federkleid auf,

BILDTAFEL Höhlenbrüter

Halsbandschnäpper *(Ficedula albicollis)*

bei den Weibchen sind die schwarzen Gefiederbereiche braun gefärbt. Vom Halsbandschnäpper unterscheidet sich der Trauerschnäpper durch das Fehlen des weißen Halsbands. Bei beiden Arten kann ein Männchen mit mehreren Weibchen verpaart sein. Da die Fliegenschnäpper als »Spätheimkehrer« oft nur besetzte Nisthöhlen vorfinden, bringen wir jährlich erst zur angenommenen Rückkehr ein paar Nistkästen an, sie werden prompt von den Brutplatz suchenden Vögeln angenommen.

BRUTDATEN DER HÖHLEN- UND HALBHÖHLENBRÜTER

Art	Gelege	Jahres-bruten	Brutzeit	Brutdauer	Nestlings-zeit
Kohlmeise	6 bis 12 Eier	1–2	März bis Mai	13 bis 14 Tage	bis zu 21 Tage
Blaumeise	9 bis 12 Eier	(1–) 2	April bis Juli	13 bis 16 Tage	bis zu 21 Tage
Sumpfmeise	7 bis 10 Eier	1	April bis Mai	12 bis 14 Tage	bis zu 21 Tage
Weidenmeise	5 bis 9 Eier	1 (–2)	April bis Mai	13 bis 15 Tage	bis zu 20 Tage
Tannenmeise	8 bis 10 Eier	2	April bis Juni	14 bis 17 Tage	bis zu 21 Tage
Haubenmeise	5 bis 10 Eier	(1–) 2	April bis Mai	15 bis 18 Tage	bis zu 21 Tage
Kleiber	6 bis 8 Eier	1 (–2)	April bis Mai	17 bis 19 Tage	bis zu 25 (–28) Tage
Star	5 bis 6 Eier	1 (–2)	April bis Mai	12 bis 13 Tage	bis zu 21 Tage
Haussperling	5 bis 6 Eier	2–3	April bis August	11 bis 14 Tage	bis zu 18 Tage
Feldsperling	4 bis 6 Eier	2–3	April bis Juli	12 bis 14 Tage	bis zu 20 Tage
Halsbandschnäpper	4 bis 6 Eier	1	Mai	12 bis 15 Tage	bis zu 16 Tage
Trauerschnäpper	6 bis 7 Eier	1	Mai	13 bis 16 Tage	bis zu 16 Tage
Rotkehlchen	5 bis 6 Eier	2	April bis Juli	13 bis 15 Tage	bis zu 15 Tage
Bachstelze	5 bis 8 Eier	2	April bis Juli	11 bis 14 Tage	bis zu 14 Tage
Gartenrotschwanz	6 bis 7 Eier	2	Mai bis Juli	12 bis 14 Tage	bis zu 15 Tage
Hausrotschwanz	4 bis 6 Eier	2 (–3)	April bis Juli	12 bis 14 Tage	bis zu 17 Tage
Grauschnäpper	4 bis 6 Eier	1	Mai bis Juni	12 bis 15 Tage	bis zu 16 Tage
Zaunkönig	5 bis 8 Eier	2	April bis Juli	14 bis 17 Tage	bis zu 18 Tage
Waldbaumläufer	5 bis 7 Eier	2	April bis Juni	13 bis 15 Tage	bis zu 17 Tage
Gartenbaumläufer	5 bis 7 Eier	2	April bis Juni	13 bis 15 Tage	bis zu 18 Tage

BILDTAFEL Schnabelformen

An der Schnabelform kann man die Nahrung und Ernährungsweise erkennen: **1** feiner, spitzer Schnabel eines Insektenfressers (Zilpzalp) **2** Meißelschnabel eines Spechts **3** kräftiger Schnabel eines Allesfressers (Krähe) **4** Schnabel zum Stochern in Rinde (Kleiber) **5** feiner Schnabel zum Aufnehmen von winzigen Insekten und Sämereien (Tannenmeise) **6** kräftiger Schnabel zum Knacken harter Samen (Kernbeißer) **7** Körnerfresserschnabel (Buchfink) **8** leicht gebogener Schnabel zum Stochern unter Rinde (Baumläufer) **9** Hakenschnabel eines Greifvogels (Sperber) zum Zerteilen von Beute

Die bunte Welt der Spechte

Im Garten sind sie eher seltene Gäste, die sich bei ihrem flüchtigen Erscheinen oft nur durch ihre Rufe bemerkbar machen. Doch das »Kicksen« des Buntspechts und die lachenden Rufe des Grünspechts dürften allen Vogelfreunden bekannt sein.
Die drei schwarz-weißen Spechtarten Bunt-, Mittel- und Kleinspecht wagen sich im Winter an die Futterstellen, wo sie das Fettfutter bevorzugen und die angebotenen Sämereien und Nüsse annehmen. Letztere klemmen sie in einem Baumspalt, der sogenannten Spechtschmiede, ein, um sie besser bearbeiten zu können. Auch Koniferenzapfen und andere große Waldfrüchte werden in der »Schmiede« bearbeitet. Im Spechtrevier gibt es ganz bestimmte Plätze mit diesen »Schmieden«, darunter häufen sich mit der Zeit Zapfen in großer Zahl an. Grün- und Grauspecht erscheinen im Garten zur Nahrungssuche an Bäumen, häufiger jedoch auf dem Boden, wo sie Ameisen und deren Puppen sowie andere Kleintiere aufnehmen. Deshalb werden sie auch Erdspechte genannt.
Mit ihren kräftigen Meißelschnäbeln sind Spechte in der Lage, auch aus hartem Holz Käfer, Puppen und Larven herauszuholen (siehe Schnabelformen, Seite 27).

Der Buntspecht (oben), unser häufigster Specht, »ringelte« diese Hainbuche (unten), um den austretenden Saft zu trinken.

Spechte haben ein Gespür für holzbewohnende Insekten, die sie mit kräftigen Hieben aus dem Holz freilegen. Mit ihrer Arbeit am toten Holz fördern die Vögel die natürliche Zersetzung, indem sie damit Pilzen und anderen Organismen das Eindringen in das Holz erleichtern.

Im Frühjahr entdeckt man bisweilen Bäume, die vom Buntspecht »geringelt« wurden, meistens stark saftführende Bäume, wie Hainbuche, Birke oder Erle. Der Specht hat die Rinde in dichter Folge angeschlagen, um den austretenden, vitaminreichen Saft zu trinken. Auch Eichhörnchen und Meisen naschen davon. Man hat diese »Ringelung« sogar an Kiefern gefunden.

Der bekannteste und häufigste Specht bei uns ist der **Buntspecht** *(Dendrocopos major,* Syn. *Picoides major).* Er baut seine Höhlen meistens in Nadel- und Laubwäldern, seltener in Gärten und Parks. Allerdings ist er häufiger Gast in Gärten vor allem zur Nussreife und im Winter an den Fütterungen. Sein häufiges Trommeln im Frühjahr dient der Abgrenzung seines Territoriums und der Partnersuche und gehört zum Frühling wie der Ruf des Kleibers und das erste Amsellied. Die Nestlinge lärmen vor dem Ausfliegen weithin hörbar in der Höhle von früh bis spät.

Im Gegensatz zum Buntspecht trommelt der **Mittelspecht** *(Dendrocopos medius,* Syn. *Picoides medius)* selten. Er verrät sich

Oben: Eine klassische Spechtschmiede.
Der Buntspecht klemmte einen Zapfen in den Astspalt eines Holunderstrauches.
Unten: Mittelspecht

durch seine quäkenden Rufe. Als Brutbiotop bevorzugt er lichte, alte Wälder mit eingestreuten Alteichen. Mit seinem relativ schwachen Schnabel vermag der Mittelspecht die Höhle nur in morsches Holz zu zimmern. In Gärten ist er eine seltene Erscheinung. Allerdings besucht er in Waldnähe gelegene Winterfütterungen regelmäßig, wo er Talg und Samen verzehrt.

Der kleinste unserer Spechte, kaum spatzengroß, ist der **Kleinspecht** *(Dryobates minor,* Syn. *Picoides minor).* Er meidet geschlossene Wälder und sucht alte Weichhölzer in Gärten, Parks und Auwäldern als Brutstätten auf, auch alte Obstbestände. Dort zimmern beide Partner in etwa 14 Tagen ihre Höhle in kranke Bäume, oft an der Unterseite eines Astes. Im Winter erscheint der Kleinspecht häufig im Gefolge von Kleinvögeln an Fütterungen. Sonnenblumenkerne haben es ihm angetan.

Der **Schwarzspecht** *(Dryocopus martius),* der »Feuer- und Symbolvogel« des Spessarts, ist eine imposante Erscheinung. Wo sein lautes »Krüü krüü«, dem klagende Laute folgen, ertönt, kann man auf einen noch intakten Lebensraum schließen, der dem Vogel außer alten Höhlenbäumen auch reichlich Nahrung bietet, wie verschiedene Insekten, deren Puppen und Larven. Auf seine großen Baumhöhlen, die er innerhalb von 14 bis 30 Tagen hoch in alte Bäume baut, warten als »Nachmieter« Hohl-

Das Kleinspecht-Männchen zimmert seine Höhle (oben). Das Schwarzspecht-Männchen, kenntlich am roten Scheitel, füttert seine Jungen (unten).

tauben, Dohlen, kleine Eulen und viele andere fliegende und kletternde Tiere. Die vier bis fünf Eier liegen auf Holzspänen und Mulm, denn Schwarzspechte bauen wie alle Spechte keine Nester.

Häufige Besucher offener Gärten mit Rasenflächen und Staudenbeeten sind **Grünspecht** *(Picus viridis)* und **Grauspecht** *(Picus canus)*. Bodentierchen, wie Ameisen, deren Puppen und allerlei Gewürm, bilden die bevorzugte Nahrung. Im Winter wagt sich vor allem der Grauspecht auch vorsichtig an das Fettfutter bei Fütterungen oder wenn es in Rindenspalten gestrichen ist. Daneben verzehrt er Samen und getrocknete Beeren.
Lichte Laubwälder und alte Obstgärten sind die bevorzugten Brutgebiete, wo beide Spechtarten nicht selten nur wenige Meter über der Erde ihre Höhlen in alte, morsche Bäume zimmern.

Zur Spechtfamilie gehört auch der bräunlich-rindenfarbene **Wendehals** *(Jynx torquilla)*. Allerdings kann er mit seinem relativ schwachen Schnabel keine Baumhöhlen zimmern, sondern bezieht fertige Höhlen in Bäumen oder auch Nistkästen. Er ist ein Zugvogel, der im April aus dem tropischen Afrika in sein Brutgebiet zurückkehrt, wo nun des Öfteren sein nasaler Ruf zu hören

Ein Grünspecht-Männchen (oben) sucht Ameisen, deren Puppen und Larven. In Obstgärten erschallt der nasale Ruf des Wendehalses (unten).

HÖHLENBRÜTER AUF WOHNUNGSSUCHE

ist. Im Gegensatz zu den anderen Spechten trommelt der Wendehals aber nicht. Dieser wenig gesellige, im Bestand überall gefährdete Vogel lebt überwiegend von Wegameisen und deren Puppen. Bereits im September ziehen die jungen Wendehälse mit den Altvögeln ins Winterquartier.

Alte Obstwiesen mit hohlen Bäumen und helle, geräumige Gärten mit geeigneten Nisthöhlen und einem reichen Ameisenvorkommen, in denen keine Chemie zum Einsatz kommt, können diesen interessanten Vogel zum Brüten veranlassen.

Der Spechtkopf – ein anatomisches Wunderwerk

Haben Sie schon einmal einem Buntspecht zugeschaut, wenn er in das Holz eines Baumes mit gezielten Hieben seine Höhle arbeitet oder wenn er in schneller Folge auf einen Ast trommelt? Allein beim Zusehen bekommt man schon Kopfweh. Nicht so der Buntspecht, denn sein Schädel ist so gebaut, dass die beim Klopfen auftretenden Schwingungen abgemildert werden. Unter anderem füllt sein Gehirn die Schädelhöhle fast ganz aus, sodass es nicht gegen den Knochen geschleudert werden kann. Außerdem besitzen Spechte so etwas wie ein zweifaches Stoßdämpfersystem im Kopf: Zum einen werden spezielle Muskeln vor jedem Hieb entgegen der Schlagrichtung angespannt, wodurch der Schlag abgefedert wird. Zum anderen trennt ein schwammartiges Gewebe den Schnabel vom Schädel und verhindert dadurch, dass die Schläge mit voller Wucht an das Gehirn weitergeleitet werden.

BRUTDATEN DER SPECHTE

Art	Gelege	Jahresbruten	Brutzeit	Brutdauer	Nestlingszeit
Buntspecht	5 bis 7 Eier	1	Mai	10 bis 12 Tage	bis zu 23 Tage
Mittelspecht	5 bis 6 (–8) Eier	1	April bis Mai	12 bis 14 Tage	bis zu 23 Tage
Kleinspecht	5 bis 6 Eier	1	April bis Mai	10 bis 12 Tage	19 bis 21 Tage
Schwarzspecht	4 bis 5 Eier	1	April bis Mai	12 bis 14 Tage	bis zu 28 Tage
Grünspecht	5 bis 8 (–10) Eier	1	April bis Mai	14 bis 15 Tage	bis zu 27 Tage
Grauspecht	6 bis 7 (–10) Eier	1	April bis Mai	14 bis 17 Tage	bis zu 25 Tage
Wendehals	7 bis 12 Eier	1 (–2)	März bis April	12 bis 14 Tage	20 bis 22 Tage

BILDTAFEL Heimische Spechte

1 Schwarzspecht *(Dryocopus martius)* 2 Mittelspecht *(Dendrocopos medius,* Syn. *Picoides medius)* 3 Kleinspecht *(Dryobates minor,* Syn. *Picoides minor)* 4 Buntspecht *(Dendrocopos major,* Syn. *Picoides major)* 5 Grünspecht *(Picus viridis)* 6 Grauspecht *(Picus canus)* 7 Wendehals *(Jynx torquilla)*

Halbhöhlen- und Nischenbrüter im Garten

Ein gut gewählter Nistplatz ist für die Kinderstube eines Vogels überlebenswichtig. Er muss regen- und windgeschützt, trocken und unauffällig für Feinde sein. Liegt er in der Nähe bevorzugter Nahrungsquellen, ist er ideal für viele Vogelarten.

Wie der Name schon andeutet, beziehen Nischenbrüter Höhlungen unter Wurzelstöcken, in Wegböschungen unter Graswuchs oder in Mauerlöchern. Allerdings fällt es ihnen scheinbar nicht immer leicht, einen geeigneten Platz zu finden, denn man entdeckt immer wieder vom Regen durchweichte und von Ameisen, Schnecken und Mäusen heimgesuchte Bruten in Erdlöchern oder in lichten Reisighaufen. Oft stehen die Nester so ungünstig, dass sie von Krähen, Hermelinen, Mauswieseln, Mardern oder Katzen rasch aufgespürt werden. Auch für Eichhörnchen, Bilche und Waldmäuse sind Vogeleier eine willkommene vitaminreiche Frühjahrskost. Einige Vogelarten gleichen solche Gelegeverluste mit Zweit- oder Notbruten (Nachgelege) aus.

Viele Arten von Halbhöhlenbrütern, aber auch von Freibrütern (siehe ab Seite 43), sind Kuckuckswirt. Das Weibchen des Kuckucks sucht entsprechende Nester, legt jeweils ein Ei hinein und lässt es von den Nestbesitzern ausbrüten. Sobald der Jungkuckuck geschlüpft ist, schiebt er die Eier oder Nestlinge der Wirtsart über den Nestrand, um die Konkurrenz loszuwerden.

Arten, die in Halbhöhlen und Nischen brüten

Seinen Brutplatz verteidigt das zierliche, liebenswerte **Rotkehlchen** *(Erithacus rubecula)* energisch gegen Artgenossen, nicht selten geht es dabei um Leben oder Tod. Rotkehlchen sind sogenannte Teilzieher, das heißt, ein Teil bleibt im Brutgebiet, der andere zieht in Richtung Süden. Die im Herbst bei uns bleibenden Rotkehlchen sind als Revierbesitzer im Vorteil gegenüber den

> **NISTHILFEN FÜR HALBHÖHLENBRÜTER**
>
> Allen Vogelarten, die in Halbhöhlen oder Nischen brüten, kann man Nisthilfen in Form von Halbhöhlenkästen mit halb offener Vorderfront anbieten (siehe Foto Seite 35). Diese Kästen sollten Sie regen- und windgeschützt möglichst nach Südsüdost ausgerichtet an Haus- oder Hüttenwänden anbringen und gegen Beutegreifer mit einem grobmaschigen Drahtgeflecht absichern.

Zugvögeln, die sich im Frühjahr um ein neues, vielleicht um ihr erstes Brutrevier bemühen müssen.

Rotkehlchen sind fleißige Nestbauer, und oft entsteht das tiefnapfige Grasnest innerhalb weniger Tage. Der Unterbau besteht in der Regel aus trockenem Laub und Moos, die Mulde ist mit Tierhaaren und feinen Würzelchen ausgepolstert. Alles was nach Haaren oder Bastfasern aussieht, wird in das Nest eingebaut. In einem Rotkehlchennest fand man sogar eine zwei Meter lange Angelschnur – eine tödliche Falle für Alt- und Jungvögel.

In der Regel wird das Nest nicht direkt, sondern auf Umwegen angeflogen, um den Standort nicht zu verraten. Rabenvögel und Eichhörnchen sind jedoch schlaue und sehr aufmerksame Beobachter!

Voraussetzung zur Ansiedlung des Rotkehlchens ist immer und überall der vogelfreundliche Garten, der Sonnenhelligkeit und Schutz durch Hecken und Gebüsche bietet, außerdem Wasser als lebenswichtiges Element. Als Nisthilfe hat sich in der Praxis eine kleine Holzkiste von 20 × 20 cm Bodenfläche und der gleichen Höhe mit halbseitiger Öffnung bewährt, die in einer dichten Hecke oder unter einem dunklen Busch ca. 50 cm über der Erde versteckt

BILDTAFEL Höhlenbrüter

Rotkehlchen *(Erithacus rubecula)*

Auch Rotkehlchen nutzen Halbhöhlen oder Nischenbrüter-Nistkästen (unten) zur Aufzucht ihrer Jungen.

wird. Über den Einflug legt man als Sichtblende einen immergrünen Zweig oder großen Grasbüschel. Ein sicherer Platz für diese Nisthilfe ist die von Efeu bewachsene Hüttenwand oder ein Holzzaun, der von Gebüsch bedeckt ist.

Von zehn in einem Vogelschutz-Lehr- und Versuchsrevier versteckten Nisthilfen waren bereits im ersten Jahr zwei vom Rotkehlchen angenommen; alle Jungvögel verließen die Hilfen. Das Rotkehlchen ist Kuckuckswirt. Das brütende Weibchen wird vom Männchen mit Insekten, Raupen, Spinnen und allerlei Gewürm versorgt. Sind die Jungen ausgeflogen, übernimmt das Männchen die Hauptfürsorge, da das Weibchen bereits zur Zweitbrut schreitet oder mit dem Bau des neuen Nestes beschäftigt ist.

Ein farbenprächtiger Höhlen- und Nischenbrüter in Parks, Obstgärten und lichten Laubwäldern ist der **Gartenrotschwanz**

> **GEFAHR FÜR DIE VÖGEL**
>
> Besteht die Hauptnahrung von Vogelarten aus Insekten und anderen Wirbellosen, dann sind sie vor allem in Gärten gefährdet, wo die »chemische Keule« zur Anwendung kommt, in unverantwortlicher Weise im Überwinterungsgebiet. Sandstürme, Kälteeinbrüche, starke Winde und Vogelfänger gefährden vor allem während des Zugs zusätzlich.

(Phoenicurus phoenicurus). Der Langstreckenzieher überwintert in der afrikanischen Savanne und kehrt im April, Anfang Mai in sein Brutgebiet zurück. Etwa im Oktober verlässt er es wieder. In das Grasnest werden viele Federn und Wolle eingewirkt.

Der **Hausrotschwanz** *(Phoenicurus ochruros)* kommt im Gebirge bis in 3000 m Höhe vor. Da die Mauern von Häusern und Hütten den Felswänden entsprechen, hat er sich Städte und Dörfer als neuen Lebensraum erschlossen. Sein Nest liegt meist wettergeschützt in Mauernischen oder auf Haus- oder Hüttengebälk. Man kann es aber auch weit ab menschlicher Siedlungen in Wurzelstöcken oder auf Balken von Waldhütten, in Futterraufen fürs Wild oder in Holzstößen entdecken. Der Hausrotschwanz baut ein ähnliches Nest wie die Bachstelze, oft aber ist die Nestmulde mit viel Tierwolle und Tierhaaren ausgekleidet.

Balken unter Brücken oder Mauernischen sind zwar günstigere Standorte für das Nest als jene der Bodenbrüter, dennoch gibt es nirgendwo mardersichere Winkel. Der Steinmarder, überall zu Hause, ist nicht nur ein gewandter Kletterer, sondern er springt oft mehrere Meter weit mit einem einzigen Satz. Da ist das bestplatzierte Nest nicht sicher. Als Kurzstreckenzieher mit Überwinterung in Süd- und Westeuropa verlassen die meisten Hausrotschwänze ihr Brutgebiet im Spätherbst, einige aber überwintern in Süddeutschland. So wurde am 27. Januar 2011 ein singendes Männchen in Sindelfingen bei minus 7 Grad beobachtet. Der Hausrotschwanz ist selten Kuckuckswirt.

Der im tropischen Afrika überwinternde **Grauschnäpper** *(Muscicapa striata)* bevorzugt als Brutbiotop lichte Gärten, offene Parkanlagen und stille Siedlungsbereiche, wo er geräumige Baum- oder Mauerhöhlen etwa unter Dachvorsprüngen vorfindet sowie Weingerank und Efeu an Hauswänden. An den genannten Orten kann man ihm auch Halbhöhlen als Nisthilfen anbieten. Sein Nest ist ein tiefnapfiger, lockerer Bau aus Halmen und Wurzeln, innen mit Tierwolle und Haaren ausgekleidet. Beide Altvögel füttern die Jungen auch noch einige Tage nach dem Ausfliegen. Die Art ist selten Kuckuckswirt.

Die Bruten der **Bachstelze** *(Motacilla alba)* sind weniger durch Regenperioden oder lästige Bodentiere bedroht, da die Nester in der Regel wettergeschützt in Mauernischen, auf Balken unter Bachbrücken, auf Haus- oder Hüttengebälk oder in Holzstößen platziert sind. Den geschlossenen Wald meiden Bachstelzen, sie leben und brüten bevorzugt in Wassernähe, wo sie reichlich Insekten finden. Heute kommen

BILDTAFEL Halbhöhlen- und Nischenbrüter

1 Grauschnäpper *(Muscicapa striata)* 2 Hausrotschwanz *(Phoenicurus ochruros)*
3 Gartenrotschwanz *(Phoenicurus phoenicurus)*

BILDTAFEL
Halbhöhlenbrüter

Bachstelze *(Motacilla alba)*

Bachstelzen immer häufiger auch innerhalb von Siedlungen vor. Ein Teil der Population ist Kurzstreckenzieher mit Überwinterung in Südeuropa, der andere Teil ist Langstreckenzieher und überwintert in Nordafrika. Ihr Revier besetzt die Bachstelze Anfang April. Das Nest ist ein schlichter Bau aus Halmen und Moos und mit einer aus Tierhaaren und Federchen ausgelegten Mulde. Auch die Bachstelze ist Kuckuckswirt.

Der **Zaunkönig** *(Troglodytes troglodytes)*, stimmgewaltiger Vogelzwerg, erfreut uns auch im Winter mit seinem »Triller«. Er liebt Gärten, Parks, Wäldchen mit viel Unterholz, Hecken und aufgeschichtetes Schnittgut von Bäumen und Sträuchern in Gartenecken, möglichst wassernah, wo er reichlich Insekten und andere Wirbellose findet und wo es in dichter Vegetation geeignete Stellen zum Nestbau gibt. Das Männchen baut im Frühjahr mehrere einfache Kugelnester, sogenannte Spielnester, meistens aus Moos. Das Weibchen bestimmt den Brutplatz und baut dann eines der Spielnester zur Brutkugel aus. Moos, Farnkraut, Reiserchen zur Stabilisierung des kleinen Einflugochs und im Inneren des Kugelnestes Tierwolle und Federchen, das sind die häufigsten Baumaterialien. Das Männchen

Gibt es im Garten oder im Wald wenig Unterholz, kann man mit Schutzreisig (unten) Nischenbrütern einen Nistplatz schaffen.

Dichtes Gebüsch, Hecken und Reisighaufen sind des Zaunkönigs bevorzugter Nistplatz. Das Nest ist eine Mooskugel, dort zieht er bis zu acht Junge auf.

»kümmert sich« währenddessen um andere Weibchen, kehrt aber zur Aufzucht der Erstjungen zurück.

Da der Zaunkönig ein klassischer Nestbauer ist, der nur selten eine künstliche Höhle besetzt, lässt er sich nicht mit künstlichen Bruthöhlen in den Garten locken. Hersteller von Nistgeräten versuchen mit viel Liebe im Detail, dem Zaunkönig Kugeln und ähnliche Gebilde schmackhaft zu machen, doch positive Ergebnisse sind spärlich.

In kalten Winternächten schlafen oft mehrere Zaunkönige, sonst Einzelgänger, dicht zusammengedrängt in geschützten Winkeln – Not führt zusammen. In dieser Zeit können Sie ihm helfen, indem Sie ihm Zugang zu Gartenhütten oder anderen Räumlichkeiten gewähren.

Der Vogelzwerg ist Kuckuckswirt – kaum zu glauben, welche Tragödie sich da in dem kleinen, engen Kugelnest abspielen kann.

Auf die beiden Baumläufer-Arten **Gartenbaumläufer** *(Certhia brachydactyla)* und **Waldbaumläufer** *(Certhia familiaris)*, rindenfarbige, braune Vögelchen mit vielen hellen Flecken im Obergefieder und mit heller Brust, wird man durch die kurzen, oft aneinandergereihten Lautäußerungen aufmerksam. Als gewandte Kletterer huschen sie

BILDTAFEL Nischenbrüter

1 Gartenbaumläufer *(Certhia brachydactyla)* 2 Waldbaumläufer *(Certhia familiaris)*

»spiralförmig« um Baumstämme und Zweige nach oben, dabei holen sie mit ihrem langen, leicht gebogenen Schnabel kleine Kerfe und andere Wirbellose aus den Rindenspalten (siehe Schnabelformen, Seite 27). Der Gartenbaumläufer ist am kräftigen, häufig gereihten »Tüt tüt tüt« zu erkennen, dem oft hohe »Sri«-Töne folgen, der Waldbaumläufer am hohen und scharfen »Tit« und an aneinandergereihten »Tsit tsit«-Rufen. Die beiden Baumläufer sind sogenannte Zwillingsarten, das heißt, sie sehen sich sehr ähnlich. Man muss schon ein geduldiger Beobachter sein, will man sie optisch auseinanderhalten, denn beide Arten besiedeln dieselben Reviere. Der Waldbaumläufer hat einen helleren Überaugenstreif und eine hellere Unterseite. Während der Gartenbaumläufer Laubbäume bevorzugt und man ihn nicht im geschlossenen Nadelwald und nicht im Gebirge findet, geht der Waldbaumläufer seltener in Gärten und nur, wenn es dort Nadelbäume gibt. Dafür trifft man ihn auch in höheren Berglagen an. Als Brutplätze wählen beide Arten Baumspalten, abstehende Rinden, Hohlräume hinter Fensterläden von Waldhütten, auch Mauerrisse, die Platz für das Nest bieten. Das besteht im Unterbau aus kleinen Reisern, Halmen, Baststreifen, Pflanzenwolle

Wo Büsche und Hecken fehlen, bieten Nisttaschen aus Zweigen, verblendet mit Fichtenzweigen, vielen Vögeln einen sicheren Nistplatz.

und Gespinsten und ist so gebaut, dass Regengüsse von der Nestmulde weitgehend abgeleitet werden. Erstaunlich ist die Arbeitsleistung der zierlichen Vögel, die lange Reiserchen durch die oft schmalen Einflugschlitze zwängen.

Beiden Baumläuferarten kann man Nisthilfen anbieten, die bei gut gewähltem Standort erfolgreiche Bruten versprechen. Spezielle Nistkästen mit seitlichen Einflugschlitzen auf beiden Seiten (siehe Foto rechts unten) haben sich bewährt, jedoch bevorzugen die Vögel gewölbte Nistrinden (siehe Foto rechts oben) aus Fichten- oder Eichenrinde, die man bei Waldspaziergängen finden kann. Auch Korkeichenrinde aus dem Gartencenter eignet sich. Sie werden ca. 1,70 m über dem Boden an Bäumen mit rauer Rinde befestigt. Beiderseits werden kleine Rindenstücke herausgebrochen, Boden und Dach entstehen aus Holzklötzchen. Als Halterung legt man einen Draht um Rinde und Baum, der später, wenn die Rinde zerfällt, wiederverwendet wird. In einem Vogelschutz-Lehr- und Versuchsrevier wurden jährlich fast alle angebotenen Nistrinden von den Baumläufern als Brutplatz angenommen – ein schöner Erfolg und ein wichtiger Beitrag zur biologischen Schädlingsbekämpfung!

Wie die Zaunkönige bilden auch die Baumläufer bei großer Winterkälte Schlafgemeinschaften, indem sie am Baumstamm ihre Körper eng aneinanderpressen und als »Federknäuel« die kalte Nacht verbringen.

Mit geringem Aufwand kann man Nistrinden für Baumläufer an raurindige Bäume binden (oben). Unten: Baumläufer-Nistkasten

BILDTAFEL Heckenbrüter und Baumbrüter

1 Mönchsgrasmücke *(Sylvia atricapilla)*   2 Gimpel oder Dompfaff *(Pyrrhula pyrrhula)*   3 Grünfink *(Chloris chloris,* Syn. *Carduelis chloris)*   4 Hänfling *(Carduelis cannabina)*   5 Buchfink *(Fringilla coelebs)*   6 Stieglitz *(Carduelis carduelis)*   7 Kernbeißer *(Coccothraustes coccothraustes)*   8 Wacholderdrossel *(Turdus pilaris)*

Freibrüter im Garten

Abwechslungsreiche einheimische Strauchpflanzungen, nicht zu dunkle Hecken, durchsetzt mit alten Bäumen verschiedener Arten, sind der ideale Lebensraum für freibrütende Vögel. Da die meisten oben offene Nester bauen, sogenannte Napfnester, müssen sie sich gegen Nesträuber behaupten.

Einige Arten der Freibrüter sind Zugvögel mit Überwinterungsgebieten in Südeuropa oder Afrika, etwa die Grasmücken und die Laubsänger. Dort sind sie weiteren Gefahren ausgesetzt. Viele Arten sind Kuckuckswirte, ziehen also statt eigener Jungen ein Kuckucksjunges groß, was ihre Situation zusätzlich verschlechtert.

Manche Arten legen ihre Nester, zum Teil kunstvolle Gebilde aus trockenen Halmen, Stängeln und Gespinsten, weiter oben in lichten Hecken oder Beerensträuchern, vereinzelt auch in kleinen Fichten an, zum Beispiel Grasmücken oder Girlitze, andere bevorzugen den Kronenbereich der Bäume als Neststandort, so der Kernbeißer. Dort sind sie nicht sicher vor Krähen und Greifvögeln. Wieder andere bauen ihre Nester bodennah unter kriechenden Büschen, unter Laubhaufen oder Grasbüscheln, wo sie von stöbernden Säugetieren entdeckt werden können.

Arten, die in freistehenden Nestern brüten

Kaum im März im Brutgebiet zurück, baut das Männchen der **Mönchsgrasmücke** (*Sylvia atricapilla*) mehrere Nester aus Halmen, Würzelchen, Pflanzenwolle und Tierhaaren. Davon wählt das Weibchen eines als Brutnest aus und stabilisiert es noch mit allerlei Gespinsten. Zu dieser Zeit erfreuen uns die Männchen mit ihrem schönen Gesang, der aus zwei Anteilen besteht, einem schwät-

Das Nest des Buchfinken ist ein Kunstbau aus Moosen und Flechten, im Inneren mit Tierhaaren ausgepolstert und gut versteckt zwischen Ästen.

BILDTAFEL Freibrüter

Gartengrasmücke *(Sylvia borin)*

zenden Vorgesang und einem flötenden »Überschlag«. Ab Mai bebrüten beide Partner abwechselnd die Eier und füttern die Jungen mit Insekten. Ab Herbst stehen Beeren auf ihrem Speiseplan, um sich Fettreserven für den Zug anzufuttern.

Ähnlich in Verhalten und Nestbau ist die **Gartengrasmücke** *(Sylvia borin)*, die mit ihrem kräftigen, anhaltenden Flötengesang erfreut. Ihr Nest ist oft noch etwas dichter mit verschiedenen Halmen gebaut als das der Mönchsgrasmücke und mit feinen Würzelchen ausgelegt, und es steht meistens im Gebüsch bodennah. Im Unterschied zum Nest der Mönchsgrasmücke ist es jedoch nicht mit den Trägerpflanzen verflochten, lässt sich also abheben, ohne es zu zerstören. Im Mai bebrüten und füttern beide Partner die Nestlinge.

Die »Schwätzerin« unter den heimischen Grasmücken ist die **Dorngrasmücke** *(Sylvia communis)*. Die kurzen, rau klingenden Strophen werden oft von einer hohen Warte aus, etwa von einer Strauchspitze oder einem einzelnen Zweig, vorgetragen. Ihr stabiles Nest aus Halmen versteckt diese kleine Grasmücke in Brennnesseldickichten, dornigen Hecken und dichten Büschen.

Die nur etwa 14 cm große Dorngrasmücke ist bei uns selten geworden. Ihre raue Stimme ertönt aus Hecken und dichtem Gebüsch.

Ein heimlicher Sänger ist die Klapper- oder Zaungrasmücke. Ihr Liedchen erinnert an das Klappern eines Mühlenrades.

In Gärten lässt sie sich nur blicken, wenn diese etwas »verwildert« wirken. Bestandslichtungen in der neueren Zeit sind beunruhigend. Gefahr droht der Dorngrasmücke durch Heckenschwund und chemische Schädlingsbekämpfungsmittel. Im Herbst werden neben Insekten auch weiche Beeren verzehrt.

Die kleinste Grasmücke, die **Zaun-** oder **Klappergrasmücke** *(Sylvia curruca)*, nennt der Volksmund »Müllerchen« wegen ihres klappernden Gesangs, der an das Mühlenrad am Bach erinnert. Dadurch wird man auf diese recht heimliche Art aufmerksam. Das Nest ist ein lockerer Bau aus Halmen, Würzelchen und Insektengespinsten und etwas flacher als das der anderen Grasmücken. Es wird in dichtem Gebüsch oder in einer jungen Konifere angelegt.

Alle Arten der Grasmücken sind lebhafte Vögel, die ständig im Gezweig auf Nahrungssuche nach Insekten aller Art, aber auch weichen Beeren und anderen Früchten herumturnen.

Ein schönes tiefnapfiges Moosnest, ausgepolstert mit Tierhaaren und feinen Halmen, baut die heimliche **Heckenbraunelle** (*Prunella modularis*) in dichtes, auch borniges Gebüsch. Sie bewohnt Parks und Friedhöfe sowie verwilderte Gärten. Ab April bebrütet das Weibchen allein das Gelege. Beide Partner füttern die Jungen mit Insekten aller Art, im Winter werden Sämereien und weiche Beeren aufgenommen. Zur Nahrungssuche hält sich die Heckenbraunelle vor allem auf dem Boden auf. Das rasch vorgetragene Liedchen besteht aus hellen, auf- und absteigenden, quietschenden Tönen und ertönt meist von hoher Warte. Nicht alle Heckenbraunellen ziehen in südeuropäische Winterquartiere, wohl die meisten verbringen den Winter im Brutgebiet.

Grünfink und Hänfling sind typische Hecken- und Gebüschvögel. Sind dichte Sträucher in bunter Mischung vorhanden, sind sie standorttreue Brutvögel.

Das dicht gewirkte, stabile Nest des **Hänflings** (*Carduelis cannabina*) aus Reiserchen, Halmen, Moos, Bast, Pflanzenwolle und Tierhaaren steht in der Regel in niederem Gebüsch, sehr selten auf Bäumen. Oft brüten mehrere Paare der geselligen Art nebeneinander. Das Hänflings-Männchen löst ab und an das Weibchen beim Brüten ab. Die Jungen werden mit Insekten gefüttert, die spätere Kost besteht aus Pflanzensamen, Knospen, Sämereien. Der Gesang ist nasal geckernd und wohlklingend und enthält Triller und Pfeiftöne.

Der **Grünling** oder **Grünfink** (*Chloris chloris*, Syn. *Carduelis chloris*) ist ein häufiger Futterhausbesucher. Er macht sich dort oft breit und verwehrt kleineren Vögeln den Zutritt zum Futter. Die dicht gewirkten, stabilen Napfnester aus Zweigen, Halmen, Moos und Bast sind innen mit Pflanzenwolle und Tierhaaren ausgepolstert. Sie stehen in der Regel in niederen Sträuchern, in Wandbegrünung, sehr selten auf Bäumen. Auch in Balkonkästen wurden schon Nester angelegt. Die Jungen werden anfangs mit kleinen Insekten gefüttert, die spätere Kost besteht aus Pflanzensamen, Knospen und Sämereien. Im Herbst kommen Beeren dazu. Der Gesang erinnert an den eines Kanarienvogels, ist aber einfacher. Er wird oft im Singflug mit fledermausartig verlangsamten Flügelschlägen vorgetragen.

> **VÖGEL BEOBACHTEN**
>
> Haben Sie Ihren Garten zu einer Oase umgestaltet, in der sich Vögel wohlfühlen, dann möchten Sie sicher die Gefiederten auch genauer beobachten. Der wichtigste Ausrüstungsgegenstand dafür ist ein Fernglas mit 10-facher Vergrößerung. Tragen Sie Ihre Beobachtungen in ein Notizbuch ein, dann können Sie Jahr für Jahr vergleichen, ob sich die Artenzusammensetzung verändert.

Wenn der **Gimpel** oder **Dompfaff** *(Pyrrhula pyrrhula)* in dichtem Gartengebüsch, in einer Eibe, Fichte oder im Efeu sein flaches Reisernest baut, ist das ein Ereignis, denn häufiger steht es in gebüschreichen Parkanlagen meistens gut versteckt im Gezweig eines Nadelbaums. Die Nestmulde ist mit feinen Würzelchen ausgelegt. Das Weibchen brütet allein, beide Partner versorgen die Jungen mit Insekten und weichen Knospen, auch mit aufgequollenen Sämereien. Gimpel sind Stand- und Strichvögel. Nordische Populationen, die südwärts ziehen, bleiben oft in mitteleuropäischen Gebieten. Im Winter suchen Gimpel auch häufig das Futterhaus auf. Die Vögel sind ganzjährig paarweise zu beobachten. Der leise vorgetragene Gesang klingt etwas nasal.

Der **Kernbeißer** *(Coccothraustes coccothraustes)*, ein bunter Vogel mit kräftigem Schnabel, bewohnt Parks, alte Friedhöfe und Gärten mit alten Laubbäumen, wo er bevorzugt im Kronenbereich sein umfangreiches Nest aus Reisig und Würzelchen baut; gelegentlich sind Nester auch in dichtem Gebüsch darunter zu finden. Die Nestmulde wird oft mit Tierhaaren und feinen Würzelchen ausgelegt. Dank seines kräftigen Schnabels ist der Kernbeißer in der Lage,

Ein Gimpel-Pärchen mit fast flüggen Jungen. Ihr Lebensraum sind gebüschreiche Gärten. Die schwarze Kopfplatte stand Pate für den zweiten Namen Dompfaff.

Streitsüchtig, wenn es ums Futter geht: Kernbeißer, die Vögel mit den kräftigen Schnäbeln. Damit vermögen sie sogar so harte Samen wie Kirschkerne oder Hainbuchensamen zu knacken.

auch harte Fruchtkerne, etwa von Kirschen oder Pflaumen, zu knacken, um an das Innere zu gelangen. Die Nestlinge werden mit Insekten, daneben auch mit weichen Knospen und zarten Sämereien gefüttert. Im Winter besucht der Kernbeißer Futterstellen, wo die meisten Vögel Respekt vor seinem großen Schnabel haben. Der Gesang besteht aus aneinandergereihten Rufen.

Auf Bäume unterschiedlicher Art im lichtdurchfluteten Garten sind Buchfink und Stieglitz (Distelfink) angewiesen. Beide bauen schöne, kunstvolle Nester.

Der **Buchfink** *(Fringilla coelebs)* verwendet für seinen »Kunstbau« viel Moos und Baumflechten und errichtet ihn oft dicht gedrückt an Hauptäste des Baumes, dadurch wirkt das Nest dort wie ein Aststumpf.

Im April beginnt das Weibchen zu brüten. Beide Partner füttern die Nestlinge sowohl im Nest und auch danach noch einige Zeit vor allem mit Insekten und Spinnen. Hauptnahrung sind Baum- und Strauchknospen,

Sämereien und Samen von Feldkräutern. Der Buchfinkenschlag ist vielsilbig, das fast etwas wehmütig vorgetragene »Prüt« oder »Wrüt« wird als »Regenruf« bezeichnet. Während die Buchfinken-Männchen standorttreu sind, ziehen die meisten Weibchen nach Südeuropa. Darauf bezieht sich auch der wissenschaftliche Artname »coelebs«, was ehelos bedeutet.

Der **Stieglitz** *(Carduelis carduelis)*, mit seinem rot-schwarz-weiß gemusterten Kopf einer unserer buntesten Kleinvögel, baut in Astgabeln schöne, kunstvolle dickwandige Nester aus Gräsern, Moos und Würzelchen. Mit Tiergespinsten polstert er es innen aus und verankert es im Gezweig. Beide Partner füttern die Jungen im Nest mit allerlei weichen Sämereien, überwiegend aber mit Insekten. Wegen seiner Vorliebe für Distelsamen heißt der Stieglitz auch Distelfink. Stieglitze sind Teilzieher, das heißt, sie streifen im Winterhalbjahr umher und suchen oft gesellig Wildkräuterfluren auf, so noch vorhanden in der ausgeräumten Landschaft. Das Lied dieses kleinen Finkenvogels besteht aus vielen verschiedenen klangvollen schnarrenden, trillernden oder klirrenden Silben. Der Name »Stieglitz« ist lautmalerisch, denn so rufen die Vögel im Flug.

Fütterndes Buchfinkenweibchen am sicheren Nistplatz (oben). Wo Gräser und Disteln Samen tragen, ist der schöne Stieglitz (unten) zu Hause.

FREIBRÜTER IM GARTEN

Im Winterhalbjahr sind Schwärme von **Erlenzeisigen** (*Spinus spinus*, Syn. *Carduelis spinus*) unterwegs, die sich an den Samen der Schwarzerlen und an anderen Baumsamen sowie an Wildkräutersamen gütlich tun. Die Jungen werden mit Insekten und Weichsamen gefüttert. Das dickwandige Nest steht meist hoch in Nadelbäumen, auch Hecken als Neststandort sind bekannt. Das Nest besteht aus Moos und Halmen und ist mit Tierwolle und Federchen durchwirkt. Der eilig zwitschernde Gesang des Erlenzeisigs erinnert ein bisschen an das Lied des Distelfinken, endet aber meist mit einem gequetschten Laut.

Wie ein klirrendes, quietschendes schnelles Zwitschern klingt der Gesang des **Girlitzes** (*Serinus serinus*), den das Männchen von hoher Warte aus vorträgt. Sein stabiles, tiefnapfiges Nest baut dieser kleine Fink gut versteckt in dichte Büsche oder dichte Kronen halbhoher Bäume. Beide Partner füttern die Nestlinge überwiegend mit Insekten, Hauptnahrung sind Sämereien und Baumsamen.

Dem Erlenzeisig-Weibchen fehlt das Schwarz an Kopf und Kinn (oben). Unten: Eine mit Fichtenreisig verblendete Nisttasche mit brütender Amsel.

Die kleinen Vögel in unseren Gärten können sich gut verbergen, die großen Drosseln fallen dagegen immer auf, vor allem weil sie sich häufig auf dem Boden aufhalten. Die **Amsel** (*Turdus merula*) scheint es besonders schwer zu haben, ihr großes Nest vor Beutegreifern zu verstecken – ein Grund dafür, dass viele Gelege jährlich zerstört

Manche Vögel tun sich schwer, ihre Nester zu verstecken. Hier die Kinderstube einer Amsel im Wurzelstock – für jeden Feind einsehbar und ein gefährlicher Nistplatz.

werden. Nicht selten steht das Nest ziemlich frei auf einem Zaunpfahl oder weithin erkennbar in einem lockeren Gebüsch oder in einem Balkonkasten. Der wuchtige Bau besteht aus Halmen, ist innen mit Erde ausgekleidet und mit Gräsern gepolstert. Mitunter ist es mit allerlei Wohlstandsmüll durchsetzt. Sie können der Amsel helfen, indem Sie Nisttaschen an Bäumen anbringen (siehe Foto Seite 50 unten). Meistens bebrütet das Weibchen die Eier, beide Partner füttern die Jungen im Nest und auch danach noch ein paar Wochen mit allerlei Gewürm. Bei der Nahrungssuche am Boden hüpft die Amsel, hält plötzlich ruckartig an, stelzt den Schwanz und scheint mit leicht geneigtem Kopf in den Boden zu horchen. Dann packt sie den unvorsichtigen Wurm. Hauptnahrung sind Würmer und Beeren aller Art. Das wohlklingende Amsellied ist einer der schönsten Vogelgesänge in der heimischen Vogelwelt.

Das Lied der **Singdrossel** *(Turdus philomelos)* steht dem der Amsel aber an Klangfülle nicht nach, typisch sind die zwei- bis drei-

Versteckt im Gebüsch »hudert« eine Singdrossel ihre Jungen. Die Art erkennt man an den dreieckigen dunklen Flecken auf der hellen Brust.

mal wiederholten Motive. Die Überwinterungsgebiete des Zugvogels liegen in Südeuropa oder Nordafrika. Oft kehrt die Singdrossel schon im Februar zurück und singt von hoher Warte trotz winterlicher Temperaturen. Zu ihrer Nahrung gehören Würmer, Insekten, Beeren und Schnecken. Zum Zertrümmern der Schneckengehäuse trägt sie die Schnecken zu ihrer »Schmiede«, einem Stein. Dort sammeln sich mit der Zeit reichlich Schneckengehäuse an.

Das Nest ist ein stabiler Bau aus Halmen und Wurzeln mit einem tiefen, mit feinen Holzspänen ausgekleideten Napf. Es steht nicht sehr hoch, zum Beispiel in Jungfichten in Stammnähe, auch in begrünten Wänden oder Mauerlöchern. Bruterfolge lassen sich im Herbst an den im Napf angehäuften Federkielschuppen der Jungvögel erkennen. Beide Partner füttern die Jungen im Nest und auch noch danach.

Der stärkste Nachtzug nach Süden findet im Oktober statt.

Misteldrosseln und Wacholderdrosseln werden in kleineren Gärten sehr selten brüten.

Sie bevorzugen großräumige Parkanlagen und lichte Laub-Mischwälder oder große Feldgehölze.

Die **Misteldrossel** *(Turdus viscivorus)* hält sich zwischen Februar und November im Brutgebiet auf, wo sie im April ihr umfangreiches Nest aus Reisig und Moos, mit feuchter Erde verstärkt, hoch in Bäumen baut. Die Nestlinge werden von beiden Partnern gefüttert. Hauptnahrung sind allerlei Würmer, Bodentierchen und Beeren. Der Gesang ist dem Amsellied ähnlich, aber weniger abwechslungsreich, und wird kraftvoll oft von Baumspitzen aus vorgetragen.

Wacholderdrosseln *(Turdus pilaris)* brüten oft in Kolonien in Parks und Gärten mit hohen Bäumen und verhalten sich Greif- und Rabenvögeln gegenüber sehr aggressiv. Mutig fliegen sie diese Reviereindringlinge an und bespritzen sie sogar mit ihrem flüssigen Kot.

Von März bis November halten sie sich im engeren Brutgebiet auf, die übrige Zeit streichen zum Teil große Gemeinschaften nahrungssuchend umher. Schwätzende Laute wie »Schak schak« oder »Wäd wäd« sind typisch. Das große Nest wird meist in Stammnähe in Bäumen gebaut. Es ähnelt einem Amselnest. Die Nestlinge werden von beiden Partnern mit Würmern gefüttert. Zur Nahrung gehören Würmer, Schnecken, Insekten, Beeren, Obst und weiche Baumfrüchte. Futtersuchend erscheinen Wacholderdrosseln auch im kleinsten Garten.

Stand- und Strichvogel: Misteldrossel (oben) und Wacholderdrossel (unten). Letztere fliegt oft invasionsartig aus nördlichen Gebieten ein.

BRUTDATEN DER FREIBRÜTER

Art	Gelege	Jahres-bruten	Brutzeit	Brutdauer	Nestlings-zeit
Mönchsgrasmücke	5 bis 6 Eier	2	Mai bis Juli	bis zu 16 Tage	bis zu 16 Tage
Gartengrasmücke	4 bis 5 Eier	2	Mai bis Juni	12 bis 16 Tage	bis zu 14 Tage
Dorngrasmücke	4 bis 6 Eier	2	Mai bis Juli	10 bis 14 Tage	bis zu 14 Tage
Klappergrasmücke	3 bis 5 Eier	2	Mai bis Juni	12 bis 15 Tage	bis zu 12 Tage
Heckenbraunelle	4 bis 5 Eier	2	April bis Juni	12 bis 14 Tage	bis zu 14 Tage
Hänfling	5 bis 6 Eier	2	April bis Juli	12 bis 14 Tage	bis zu 17 Tage
Grünfink	4 bis 5 Eier	(1–) 2 (–3)	April bis Juni	12 bis 15 Tage	bis zu 15 Tage
Gimpel	4 bis 5 Eier	2	Mai bis Juni	bis zu 14 Tage	bis zu 16 Tage
Kernbeißer	4 bis 6 Eier	1	April bis Mai	12 bis 14 Tage	bis zu 14 Tage
Buchfink	4 bis 6 Eier	(1–) 2	April bis Juni	11 bis 14 Tage	bis zu 15 Tage
Stieglitz	4 bis 6 Eier	(1–) 2 (–3)	Mai bis Juli	12 bis 14 Tage	bis zu 15 Tage
Erlenzeisig	4 bis 6 Eier	2	April bis Juni	12 bis 14 Tage	bis zu 15 Tage
Girlitz	4 bis 5 Eier	2	April bis Juni	bis zu 14 Tage	bis zu 15 Tage
Amsel	4 bis 6 Eier	2–3 (–5)	März bis Juli	13 bis 14 Tage	bis zu 14 Tage
Singdrossel	4 bis 5 Eier	2 (–3)	März bis Juli	12 bis 14 Tage	bis zu 16 Tage
Misteldrossel	4 bis 5 Eier	2	März bis Juni	12 bis 14 Tage	bis zu 15 Tage
Wacholderdrossel	4 bis 5 Eier	2	April bis Mai	11 bis 14 Tage	bis zu 14 Tage
Schwanzmeise	6 bis 12 Eier	2	April bis Juni	bis zu 13 Tage	bis zu 16 Tage
Zilpzalp	4 bis 6 Eier	1 (–2)	Mai bis Juni	13 bis 15 Tage	bis zu 16 Tage

Das dicht gewirkte Nest des Gimpels in kleiner Fichte (oben).
Nest des Buchfinken (unten).

FREIBRÜTER IM GARTEN

Vogelarten, die »überdachte« Nester bauen

Die Vogelarten auf dieser Seite bauen zwar frei stehende Nester, diese sind jedoch oben geschlossen.

Ist im Garten reichlich dichtes Gebüsch aus immergrünen Bäumen und Sträuchern vorhanden, wird dort hinein vielleicht die zierliche **Schwanzmeise** *(Aegithalos caudatus)* ihr kugeliges Beutelnest bauen. Es ist ein kunstvoller Bau aus Moos, Flechten, Gespinsten, Haaren und Federchen mit seitlichem Eingang. Für den Bau benötigen die Vögel etwa drei Wochen.

Scheu sind diese kleinen langschwänzigen Federbällchen nicht. Gelege mit bis zu zwölf Eiern sind bekannt, eine enorme Brutleistung in dem engen Nest! Das Weibchen brütet allein. Die Nestlinge werden mit Insekten aller Art und Spinnen gefüttert.

Der **Weidenlaubsänger** oder **Zilpzalp** *(Phylloscopus collybita)* ist nicht selten Brutvogel in unterholzreichen, aber sonnigen Gärten. Das sogenannte Backofennest besteht aus Gras, Moos und trockenen Blättern und ist innen mit Federchen gut gepolstert. Meist wird es bodennah in dichtem Gestrüpp gebaut. Das Kuckucksweibchen entdeckt

Das kugelige Moosnest der Schwanzmeise steht im dichten Gebüsch (oben). Ende April baut der Zilpzalp (unten) sein bodennahes Nest.

auch die verstecktesten Nester. Dann kann es passieren, dass der dicke Jungkuckuck das kleine, kugelige Backofennest auseinanderdrückt. Bleibt der Zilpzalp ungestört, werden zwei Bruten zwischen Mai und Juli gepflegt. Das Weibchen brütet allein, beide Partner füttern die Jungen mit allerlei Insekten und Würmern; im Herbst zur Zugzeit werden auch weiche Beeren verzehrt. Während im Frühjahr und Sommer das typische »Zilp zalp, zilp zalp« zu vernehmen ist, hört man im Herbst den etwas wehmütig klingenden Zugruf »Zip« oder »Züp«.

Waldlaubsänger *(Phylloscopus sibilatrix)* und **Fitis** *(Phylloscopus trochilus)* werden dagegen nur zur Zugzeit im Herbst und im Frühjahr in unseren Gärten erscheinen, um Nahrung aufzunehmen oder um eine wetterbedingte Ruhepause einzulegen. Sie bewohnen lichte Laub- und Mischwälder, wo sie ihre Nester, ebenfalls sogenannte Backofennester, im dichten Bodenwuchs oder unter altem Laub verstecken. Auffallende Populationseinbrüche werden vom Waldlaubsänger gemeldet. Ursachen sind das Insektensterben, unkontrollierte Giftanwendung im Überwinterungsgebiet südlich der Sahara und der südeuropäische Vogelfang zur Zugzeit.

Gut versteckt ist der »Backofenbau« des Zilpzalps (oben), er liegt verborgen dicht am Boden. Unten: Fitis *(Phylloscopus trochilus)*

Schwalben und Segler, anmutig schön

Auch wenn sich Schwalben und Segler im Flug recht ähnlich sehen, sind sie nicht näher miteinander verwandt. Schwalben gehören zu den Singvögeln, die Segler stehen verwandtschaftlich den Kolibris nahe.

Schwalben

Die **Rauch-** oder **Stallschwalbe** *(Hirundo rustica)* findet in ländlichen Gebieten in Stallungen und Gerätehallen von landwirtschaftlichen Anwesen sowie in den Ställen von Reiterhöfen noch gute Nistmöglichkeiten und reichlich Nahrung, auch Wasserstellen mit lehmiger Erde als Baumaterial für ihr Nest. Dieses wird meist innerhalb der Gebäude angelegt. Dagegen baut die **Mehlschwalbe** *(Delichon urbica)* ihr Nest an der Außenwand von Gebäuden, wo weder Regen noch Tropfwasser hinkommen. Sie besiedelt auch größere Ortschaften. Dort ist ihre Situation mittlerweile aber bedenklich bis sehr kritisch, denn Straßen und Wege sind meistens weit über Geh- oder Fahrbahnbreite versiegelt, sodass die Regenpfützen auf lehmigen Böden, die den Mehlschwalben das Nestmaterial lieferten, verschwanden. Hinzu kommt in den Ort-

Rauchschwalbe (oben) und Mehlschwalbe (unten) an ihren jeweils selbst gebauten Nestern beim Füttern ihrer Jungen.

Zur Zugzeit versammeln sich oft große Mengen an Schwalben auf Überlandleitungen oder in Bäumen. Die Rauchschwalbe erkennt man an den langen Schwanzspießen.

schaften die starke Verkehrsbelastung, die eine stete feine Erschütterung der Hauswände auslöst und den Lehmnestern der Schwalben die Stabilität nimmt. Ansiedlungsversuche für die Mehlschwalbe zeigen gute Erfolge. Man bringt an geeigneten Hauswänden, möglichst in Wassernähe, künstliche Nester aus Holzbeton an und zwanzig Zentimeter darunter Kotbrettchen, die eine Verschmutzung der Hauswand durch den Kot verhindern. Oft bauen die Schwalben ihre eigenen Lehmnester dazwischen oder daneben. Künstliche Schwalbennester sind im Fachhandel zu erwerben, geschickte Bastler stellen diese selbst her (siehe Bauanleitung Seite 111). Beide Arten sind Langstreckenzieher mit Überwinterungsgebieten im südlichen Afrika. Die Rauchschwalbe kehrt im März oder Anfang April in ihr Brutgebiet zurück und bleibt dort oft bis Oktober, die Mehlschwalbe kommt etwas später zurück und zieht oft schon im September wieder weg.

Die Rauchschwalbe zeitigt zwei Jahresbruten mit je vier bis fünf Eiern, die hauptsächlich vom Weibchen ca. 15 Tage bebrütet wer-

Sechs Wochen lang bleiben die Mauersegler-Nestlinge am Brutplatz, danach sind sie schon voll flugfähig. Aus in der Luft aufgeschnappten Halmen, Federn und Tierhaaren besteht das Nest.

den, beide Partner füttern bis zu 24 Tage die Nestlinge mit fliegenden Kleininsekten. Auch die Mehlschwalbe zeitigt meist zwei Jahresbruten. Beide Partner bebrüten die drei bis sechs Eier etwa 14 bis 15 Tage, die Nestlinge werden fast einen Monat lang mit Insekten gefüttert.

Segler

Pünktlich bis Mitte Mai erscheinen die **Mauersegler** (Apus apus) wieder in ihrem Brutgebiet. Den Winter hatten sie südlich der Sahara in Afrika verbracht. Die Auswertung von Sendern, die Wissenschaftler einigen Mauerseglern angelegt hatten, erbrachte Erstaunliches: Manche der Vögel legen diese lange Strecke im Nonstop-Flug zurück. Als ehemaligem Felsbewohner sagten dem Mauersegler die »Kunstfelsen« in den Städten, das heißt die Hauswände, zu, und so ist er zum Kulturfolger geworden. Allerdings finden die Segler heutzutage in der modernen Architektur mit ihren Stahlkonstruktionen und Glaswänden sowie in den voll gedämmten Häusern immer weniger geeignete Nistnischen wie dunkle Hohlräu-

Mit ihren langen, schmalen Flügeln sind Mauersegler rasante Flieger. Sie schlafen sogar im Fliegen und sammeln Nistmaterial in der Luft.

me unter Dächern oder Mauerlöcher zur Aufzucht der zwei Jungen. Mit Spezialhöhlen unter dem Hausdach kann man ihnen helfen. Sie sind im Fachhandel erhältlich (Bauanleitung siehe Seite 118).

Die Brutdauer beträgt 18 bis 19 Tage. Die Nestlinge werden etwa sechs Wochen lang mit allerlei Fluginsekten gefüttert, dann muss das Fliegen klappen (siehe Kasten unten). Anhaltendes Schlechtwetter stellt wegen des Nahrungsmangels eine Gefahr dar für die Jungen. Sie überstehen diese Zeit, indem sie in einen sogenannten Hungerschlaf verfallen, währenddessen sie kaum Kalorien verbrauchen.

MEISTER DER LÜFTE – AM BODEN VERLOREN

Mauersegler halten sich die meiste Zeit in der Luft auf. Nur zum Brüten kommen sie an ihr Nest. Sie schlafen und paaren sich in der Luft, fangen ihre Insektennahrung und das Material zum Nestbau wie Hälmchen und kleine Federn im Flug. Bei Flugmanövern können sie im Sturzflug bis 200 km/h schnell werden. Müssen sie einmal auf dem Boden landen oder ist ein Jungvogel aus dem Nest gefallen, dann haben Mauersegler kaum eine Chance, sich wieder in die Luft zu erheben – die schmalen, langen Flügel ermöglichen keinen flotten Start vom Boden.

Der Vogelfreund kann helfen, indem er dem Vogel über einer Wiese mit leichtem Schwung Starthilfe gewährt. Zuvor aber sollte er ihn von einem Tierarzt untersuchen lassen, um Verletzungen auszuschließen. Geschwächte Vögel sollten in einer Pflegestation aufgepäppelt werden. Im Vogelschutzzentrum verhalfen wir vielen Mauerseglern zu einem guten Start ins Leben!

Weitere liebenswerte Mitbewohner im Garten

Der naturnahe Garten mit seinen verschiedenen Lebensräumen ist ein kleines, intaktes Ökosystem, in dem viele Tiere ihren festen Platz finden. Alle Bewohner aber sorgen für das Leben erhaltende, natürliche Gleichgewicht im Ökosystem.

BILDTAFEL Fledermäuse

Arten, die Nistkästen beziehen:
1 Zwergfledermaus 2 Großes Mausohr 3 Braunes Langohr

Vögel sind sicher die auffälligsten Gartenbewohner. Aber sie sind nicht allein. Auch Fledermäuse, Bilche, Igel oder verschiedenste Insekten kommen vor.
Die einzigen flugfähigen Säugetiere bei uns sind die **Fledermäuse**. Sie nehmen die Insektenjagd mit Beginn der Abenddämmerung auf und übergeben diese Rolle bei Tagesanbruch den kleinen Vögeln. In Gärten und Parks kann man bei uns neun Arten entdecken. Je nach Art jagen sie die Insekten über Gewässern, zum Beispiel die **Wasserfledermaus** *(Myotis daubentonii)* oder die **Kleine Bartfledermaus** *(Myotis mystacinus)*, im Baumkronenbereich wie das **Braune Langohr** *(Plecotus auritus)*, dicht über dem Boden wie das **Große Mausohr** *(Myotis myotis)*, unsere größte heimische Fledermausart, oder um Straßenlaternen wie **Zwergfledermaus** *(Pipistrellus pipistrellus)* und **Mückenfledermaus** *(Pipistrellus pygmaeus)*, die Winzlinge unter den heimischen Flattertieren. Und ebenfalls je nach Art wählen die Weibchen für ihre Wochenstube natürliche Baumhöhlen oder spezielle Nistkästen, Dachböden, Mauerspalten oder Fensterläden.

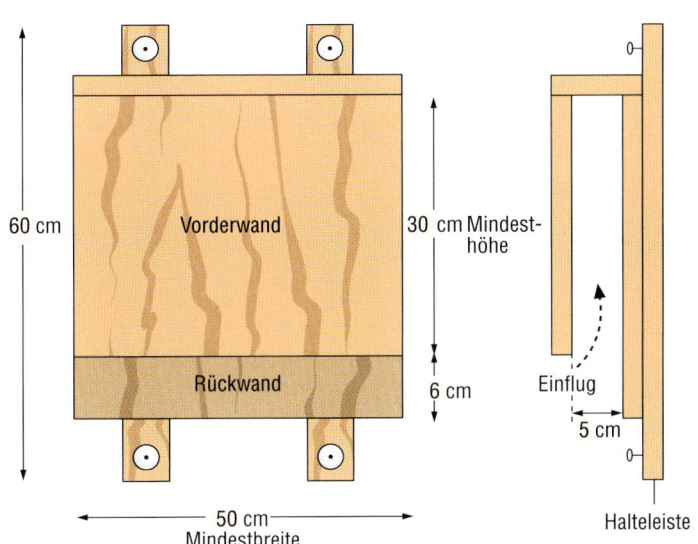

Bauschema für einen Fledermauskasten.
Damit sich die Tiere im Inneren leichter anhängen können, darf das Holz dort nicht glatt gehobelt sein. Alternativ können Sie Quernute in die Rückwand fräsen.

Die beste Hilfe für Fledermäuse ist der giftfreie Garten. Ebenfalls gut: einen Einflug auf den Dachboden offen lassen oder an der Hausaußenwand Spalten schaffen. Für Höhlenbewohner können Sie Nistkästen aufhängen, die Sie im Fachhandel bekommen oder die Sie nach oben abgebildetem Schema selbst bauen können.
Beim Anbringen der Höhlen bitte beachten, dass die Kästen nicht der vollen Nachmittagssonne ausgesetzt sind, sonst heizen sie sich zu stark auf. Günstig ist die Ausrichtung nach Südsüdost.

Das große Heer der **Insekten** hat ebenfalls einen wichtigen Platz im Garten. Wer sät, möchte auch ernten! Dazu sind die vielen bestäubenden Insekten nützlich. Während man für Honigbienen nicht viel tun muss, wenn es in der Nähe (Hobby-)Imker gibt, leiden die verschiedenen Wildbienen und -hummeln in unserer ausgeräumten Kulturlandschaft oft unter Wohnungsnot und Nahrungsmangel. Gegen Letzteres hilft der Anbau bienenfreundlicher Blütenpflanzen. Einige der Insekten übernehmen auch regulatorische Aufgaben, so etwa **Florfliegen**

Ein Insektenhotel aus Schilfhalmen ist schnell gemacht. Im Garten bietet es vielen Insekten eine wertvolle Nist- und Überwinterungshilfe.

(Chrysopa perla), **Marienkäfer** (Coccinella punctata) oder **Ohrwürmer** (Forficula auricularia), die beispielhaft für viele andere stehen. Sie ernähren sich von Schadinsekten wie Blatt- oder Schildläusen.
Künstliche Nisthilfen erleichtern den Insekten das Leben bzw. das Überleben.
• Bewährt haben sich für alle Insekten natürliche Höhlen, das heißt trockene Baumstämme mit vielen Hohlräumen, Einschlupfmöglichkeiten, Holzschlitzen und Löchern, die Insektenjägern keinen Einlass bieten.

• Der Fachhandel bietet viele interessante Insektenhilfen an, etwa Bienenhotels. Selberbauen hat aber einen besonderen Reiz und ist ohne großen Aufwand zu bewerkstelligen:
• Trockene Hartholzklötze mit Bohrlöchern verschiedener Größe und Tiefe eignen sich besonders als Solitärbienenbehausung, so für die Mauerbiene (Osmia rufa). In den Röhren legen die Weibchen der Wildbienen ihre Brutkammern an. Sind die Eingänge mit Lehm und Pollen verschlossen, ist die Röhre angenommen und belegt worden.
• Für Wildbienenarten, die in hohlen Stängeln ihre Eier ablegen, können Sie Schilfhalme, die Sie auf eine Länge von ca. 10 cm geschnitten haben, bündeln und in Blechdosen oder andere Gefäße stecken. Diese hängen Sie dann geschützt in einen Baum oder an eine sonnige Wand.
• Blumentöpfe etc., die mit Holzwolle locker ausgestopft sind, bieten Ohrwürmern eine Behausung. Hängen Sie diese Gefäße umgekehrt in einen Baum oder stecken Sie sie auf einen Stab im Blumenbeet oder auf einen Zaunpfahl. In solchen Höhlungen fühlen sich auch Marienkäfer wohl.

Der **Igel** (Erinaceus europaeus) ist ebenfalls ein wichtiger Mitstreiter des Gärtners, weil er Schadinsekten, Würmer und vor allem Schnecken vertilgt. Sie können die stacheligen Kerlchen in Ihren Garten locken, indem Sie in einer Ecke Reisig und Laub aufhäufen. Dort hinein baut der Igel gern sein Nest. Voraussetzung: In Ihrem Garten kommen keine Schädlingsbekämpfungsmittel zum Einsatz. Statt des Reisighaufens können Sie dem Igel auch ein Haus anbieten. Meine Igelkiste misst 40 × 30 cm und ist 20 cm hoch. Den Boden bedecke ich mit Heu und trockenem Laub. Trotz der vielen Straßenopfer haben die Igelbestände bis jetzt gut überlebt – vielleicht auch dank unserer giftfreien Gärten mit dunklen Nischen.

Nutznießer von Nistkästen

Manche Nistkästen bewohnen andere Tiere. Einige davon sind bei Vogelfreunden nicht beliebt, weil sie neben Früchten, Insekten und Schnecken auch Eier und Jungvögel fressen (siehe Seite 82). Dazu gehören zum Beispiel **Siebenschläfer** *(Glis glis)*, **Haselmäuse** *(Muscardinus avellanarius)* oder **Gartenschläfer** *(Eliomys quercinus)*. Andere Bewohner sind »Untermieter«, wie zum Beispiel die **Tönnchenwegwespe** *(Auplopus carbonarius)*. Sie baut mitunter ihre Larvenkammern aus Lehm in Nistkästen. Da sich Vögel und Wegwespen nicht stören, bitte die Larvenkammern bei einer Zwischenkontrolle nicht wegnehmen. Im Herbst nutzen **Gelbhalsmäuse** *(Apodemus flavicollis)* Nistkästen als Vorratslager von Baumfrüchten wie Nüssen.

BILDTAFEL Bilche und Mäuse

1 Gartenschläfer 2 Haselmaus
3 Siebenschläfer 4 Gelbhalsmaus

Für Bilche und Mäuse (oben) sind Nistkästen eine willkommene Schlaf- und Kinderstube. Larvenkammern der Tönnchenwegwespe (unten).

Gut getarnt ruht die Waldohreule am Tage dicht am Stamm hoher Bäume. Entspannt sind die Federohren angelegt.

Die Ansiedlung der Waldohreule leicht gemacht

Waldohreulen *(Asio otus)* bauen kein eigenes Nest, sie sind Horstbezieher, die ihre Brut auf alten Greifvogelhorsten, in Krähen- und Elsternestern aufziehen.
Stehen im Garten oder am Haus Laub- oder Nadelbäume, so kann der Vogelfreund mit einem flachen Weidenkorb, den er mit feinem Reisig, Moos und Gras zu einem künstlichen Nest präpariert und diesen im Wipfel eines Baumes anbringt, einen Ansiedlungsversuch wagen. Wenn möglich, sollte das Kunstnest nicht tiefer als vier Meter über dem Boden im Baum angebracht werden. Oft schon im Februar suchen die umherstreichenden Eulen günstige Nistgelegenheiten. Es ist ein unvergessliches Erlebnis, die leisen Standlaute, ein monotones »Huh«, zu vernehmen. Als Warnrufe äußern Waldohreulen ein hartes Schrecken, die Lockrufe des Weibchens sind leise, summende Laute.

Mitunter bebrütet das Weibchen schon Mitte März die vier bis fünf Eier etwa 28 Tage lang. Das Männchen versorgt Weibchen und Nestlinge mit Nahrung. Nach 20 Tagen verlassen diese das Nest und bewegen sich noch flugunfähig im Nestbaum und später auch in den Zweigen anderer Bäume. In dieser Zeit hört man nächtelang die krächzenden Bettelrufe der Jungen. Manche Menschen regen sich über diese monotonen Rufe auf und ergreifen allerlei Maßnahmen, um die Vögel zu vertreiben oder gar zu töten; oft treibt der Aberglaube gegenüber der Eulen die Leute um.
Von Nacht zu Nacht aber entfernen sich die Kleinen weiter vom Nistplatz, sodass der »Spuk« bald ein Ende hat.

Im Winter bilden Waldohreulen Notgemeinschaften, die nicht selten 30 und mehr Vögel umfassen. Die Eulen suchen in kleinen Wäldchen, in Bäumen auf Friedhöfen oder in Parkanlagen ganz bestimmte Tagesruheplätze auf, wo unter den Schlafbäumen haufenweise die Gewölle, Ballen aus Beuteresten liegen. Die Gewölle zu untersuchen, ist eine aufregende Angelegenheit für den Vogelfreund, denn sie geben Aufschluss über die Winternahrung, die meistens weit ab vom Schlafplatz gefunden wird (siehe auch Seite 72).
Anmerkung: Greifvögel und Eulen regulieren die Bestände ihrer Beutetiere, werden aber ebenso von diesen reguliert. Waldohreule, Schleiereule und Turmfalke ziehen in

Weidenkörbe werden zu Nisthilfen für Waldohreulen. Das Innere wird mit Reiserchen, Gras und Moos ausgelegt, dann wird der mit Reisig umbundene Horst im Wipfel eines Baumes befestigt.

sogenannten Mäusejahren Bruten mit vielen Jungen auf, in schwachen Mäusejahren nur wenige Junge oder sie brüten gar nicht. Die Waldohreule kann es in guten Mäusejahren auf sechs bis acht Junge bringen.

Weitere Eulenarten in unserer Nähe

Von 13 Eulenarten in Europa kommen in Deutschland zehn Arten vor. Davon leben neben der Waldohreule noch drei weitere Arten in unserer Nähe.

Glücklich der Vogelfreund, der eine Obstwiese mit altem Baumbestand sein Eigen nennt oder neben dessen Haus eine Scheune oder ein alter Schuppen steht. Er hat die Möglichkeit, zwei interessanten Vogelarten Nisthilfen zu schaffen – dem Steinkauz und der Schleiereule.

Der **Steinkauz** *(Athene noctua)* liebt als Brutplatz alte, hohle Bäume. Spezielle mardersichere Nistkästen (siehe »Vogel- und Futterhäuschen«, 6. Aufl., Seite 48/49) nimmt er an, wenn diese waagerecht im Geäst eines Baumes angebracht werden. Experten entwickelten Höhlen, die dem Marder, dem ärgsten Feind des Käuzchens, keine Chance geben, an die Brut zu gelangen, indem sich hinter der Vorderwand eine Art Schleuse mithilfe einer zweiten Wand

Flügge Steinkäuze in der natürlichen Baumhöhle (oben). Ein Steinkauz-Altvogel vor einem Nistkasten (unten).

BILDTAFEL Heimische Eulen

Drei Eulenarten, die in unserer Nähe brüten können:
1 Steinkauz *(Athene noctua)* 2 Waldohreule *(Asio otus)* 3 Schleiereule *(Tyto alba)*

Das Paar hat sich gefunden! Das »Beschnäbeln« und die zärtliche Gefiederpflege dienen der Partnerbindung und sind Teil der Balz – hier beim Waldkauz.

und einem kleinen Durchschlupf befindet (Bauanleitungen siehe Internet, zum Beispiel BUND oder NABU). Die Ansiedlungserfolge bestätigen die Funktion der »Sicherheitsschleuse«.

Ab Mitte April, oft erst im Mai bebrütet das Weibchen die drei bis fünf Eier etwa 30 Tage lang, versorgt vom Männchen. Die Nestlinge werden 35 bis 45 Tage lang in der Höhle von beiden Partnern gefüttert.

Der Steinkauz ist dämmerungs- und nachtaktiv und jagt Mäuse, Großinsekten, kleine Vögel und kleine Amphibien. In seiner Geschichte musste er durch den Menschen schon Schlimmes ertragen – man nahm ihm im Zug von Landreformen den Lebensraum und verfolgte ihn als »Totenvogel« wegen seines Gesangs. Die Anwendung der »chemischen Keule« in der Landwirtschaft und im Gartenbau ist nach wie vor sein Verderb.

Auch die **Schleiereule** *(Tyto alba)*, kenntlich am herzförmigen Gesichtsschleier, leidet unter der chemischen Schädlingsbekämpfung. Hauptnahrung sind Mäuse aller Art, auch Spitzmäuse und andere Kleinsäuger, seltener kleine Vögel. Wiesen- und Ackerland mit eingestreuten Baumgruppen und dörfliche Siedlungen sind ihr bevorzugter Lebensraum.

In strengen Wintern ist ihre Hauptnahrung unter dem Schnee verborgen, dann erleiden die Bestände oft gravierende Einbußen. Hier kann der Landwirt helfen, indem er das Scheunentor oder -fenster geöffnet hält, damit die Eule im Inneren Mäuse und Sperlinge jagen kann.

Das Nahrungsangebot bestimmt die Jungenzahl. Auf die Böden künstlicher Höhlen streut man eine etwa 2 bis 3 cm hohe Schicht grober Holzspäne, da die Schleiereule wie alle Eulen kein Nest baut. Fünf Eier sind das Durchschnittsgelege, bis zu zehn Eier sind bekannt. Das Weibchen brütet um die 36 Tage. Da die Eier mit Abstand gelegt werden, entwickeln sich auch die Nestlinge unterschiedlich. Mit etwa 35 Tagen verlassen die Jungen das Nest, jagen selbst aber erst nach einigen Wochen.

Seit jeher in der Nähe des Menschen lebend, braucht die Schleiereule geräumige, mardersichere Nistkästen, die im Giebel von Scheunen und Schuppen angebracht werden und zwecks Kontrolle und Reinigung

Feldmäuse sind die Hauptnahrung der Schleiereule (oben). Geräumige Nistkästen nimmt die nachtaktive Schleiereule gern an (unten).

WEITERE MITBEWOHNER IM GARTEN

leicht zu öffnen sein sollten. Solche Nistkästen gibt es im Fachhandel.

Bei der Nistplatzsuche ist der **Waldkauz** *(Strix aluco)*, unser häufigster Kauz, nicht wählerisch. Er bewohnt Wälder aller Art, Parks, alte Friedhöfe und vereinzelt sogar Gärten in Siedlungen, wenn sie geräumige Baumhöhlen oder Nistkästen aufweisen. Das Flugloch des Nistkastens für den Waldkauz sollte einen Durchmesser von 11 cm haben. Streuen Sie bei künstlichen Höhlen eine dünne Schicht Sägespäne auf den Boden, da kein Nest gebaut wird. In Ermangelung von Höhlen ziehen die in grauer und in brauner Farbphase erscheinenden Waldkäuze ihre Brut auch auf alten Greifvogelhorsten, in Elsternestern oder gar in Erdhöhlen auf. Oft schon ab Ende Februar bebrütet das Weibchen 30 Tage lang die zwei bis fünf weißen Eier. Nach etwa vier bis fünf Wochen verlassen die Jungen noch flugunfähig das Nest und bewegen sich kletternd im Gezweig umher, wobei sie nicht selten zu Boden und Beutegreifern zum Opfer fallen können. Haben Sie einen solchen hilflosen Jungkauz entdeckt, packen Sie ihn behutsam und setzen ihn so hoch auf einen Ast, dass ihn Fuchs oder Hund nicht erreichen können.

Wichtig: Nehmen Sie Jungeulen nie mit nach Hause, sie sind nicht von den Eltern verlassen!

Der **Uhu** *(Bubo bubo)*, unsere größte Eule, konnte dank gezielter Schutzmaßnahmen neue Biotope erobern und seine Population bundesweit festigen.

Gewölle

Eulen und Greifvögel würgen unverdauliche Beutereste wie Knochen, Federn oder Tierhaare als walzenförmige Speiballen, den Gewöllen, wieder aus. Größe und Form der Gewölle, der Fundort und der Inhalt verraten häufig dem Vogelfreund, ob es sich um ein Gewölle eines Greifvogels oder einer Eule handelt (siehe Tafel Seite 73) und welche Beute der Vogel machte. In Eulengewöllen befinden sich mehr Knochen als in Greifvogelgewöllen. Das liegt daran, dass Greifvögel die Knochen durch den aggressiven Magensaft verdauen, Eulen nicht. Besteht die Hauptnahrung der Eulen und Greifvögel aus Mäusen, sind die Gewölle häufig stark verfilzt. Damit die Vögel die Gewölle gut auswürgen können, werden sie im Magen mit Schleim überzogen.

GEWÖLLE IM DIENSTE DER WISSENSCHAFT

Anhand der Zähne und Schädelreste in Gewöllen lässt sich häufig die genaue Art der Beutetiere bestimmen. Auf diese Weise konnte in Gewöllen des Habichtskauzes *(Strix uralensis)* im Jahr 1933 die **Waldbirkenmaus** *(Sicista betulina)* erstmals für Mitteleuropa nachgewiesen werden.

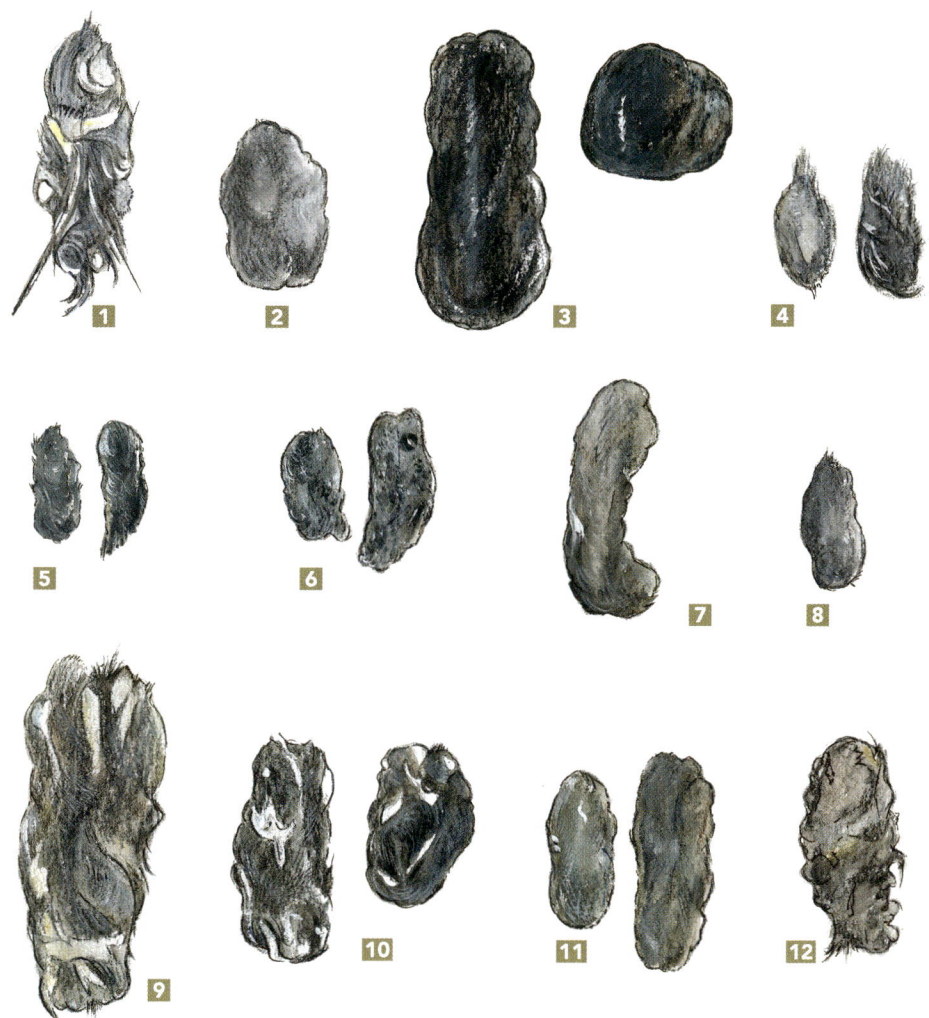

BILDTAFEL Gewölle (Größe in mm)

1 Habicht (50–70 x 20–30) 2 Mäusebussard (60–70 x 30) 3 Schleiereule (20–80 x 18–35) 4 Sperber (20–40 x 15) 5 Sperlingskauz (20 x 30–40) 6 Steinkauz (10–20 x 30–40) 7 Sumpfohreule (50–70 x 25–30) 8 Turmfalke (30–35 x 15) 9 Uhu (50–100 x 25–40) 10 Waldkauz (35–50 x 20) 11 Waldohreule (40–65 x 25–30) 12 Wanderfalke (50–60 x 30)

HILFE FÜR DIE VÖGEL

»Das ist ein armer Mann, der sich nicht freut, wenn die Vögel singen.« (Jacob Lorenz)

Vögeln richtig helfen übers Jahr

Die »Nur-Winterfütterung« der wild lebenden Vögel ist Vergangenheit, der Vogelfreund versorgt seine gefiederten Freunde ganzjährig, allerdings im Sommer in etwas abgewandelter Weise hinsichtlich der Futtergaben.

Mit der Umwandlung abwechslungsreicher Landschaften in einförmige Agrarflächen und mit dem Entstehen der ausgeräumten »Wohlstandsgärten« verloren viele Tiere nicht nur ihren Lebensraum, sondern auch ergiebige Nahrungsgründe. Hinzu kommt der großflächige Einsatz von chemischen Spritz- und Stäubemitteln zur Schädlingsbekämpfung, sodass sich die verbleibende Nahrung für einige Wildvögel gesundheitsschädigend, ja lebensbedrohend auswirkt. Dass viele Körnerfresser, das heißt Vögel, die von reifenden und reifen Sämereien leben wie Finken, regelmäßige Besucher von Sommerfütterungen sind, bestätigt diese Situation. Aber auch Insektenfresser wie Rotkehlchen, Rotschwänze, Fliegenschnäpper und viele andere müssen sich oft recht mühsam durch die Jungenaufzucht bringen. Daher wird immer öfter selbst von Naturschutzverbänden und Ornithologen dafür plädiert, die Vögel auch im Sommer zu füttern. Hauptargument dagegen war die Annahme, dass die Vogeleltern ihre Jungen mit Futter aus den Häuschen versorgen und nicht mit artgerechten proteinreichen Insekten. Doch die Beobachtungen von englischen Ornithologen haben erbracht, dass die Vogeleltern schlauer sind als befürchtet: Für ihre Jungen suchen sie Insekten, für sich selbst holen sie das leicht erreichbare Futter aus den Häuschen.

Wo und wie füttern?

Bewährt haben sich in der Praxis Holzfutterhäuser mit tief herabneigendem Dach, damit das Futter auch bei Regen und Schnee trocken bleibt. Außerdem sollte die Fläche, auf der das Futter angeboten wird, von allen Seiten zugänglich sein. Platzieren Sie das Futterhaus frei auf der Rasenfläche unweit einer schützenden Hecke, die den Vögeln Fluchtmöglichkeiten bietet bei Auftauchen von Beutegreifern. Stellen Sie es auf Stelzen oder einen Pfahl, dann können Sie es auch später noch verstellen, wenn sich der Standort als ungünstig erweisen sollte. Ist der Pfahl mindestens 1,70 m hoch, dann wird auch Katzen der Sprung zum Futterhaus erschwert. Eichhörnchen können jede Futterfläche erreichen und dort Unruhe stiften, es sei denn, Sie haben das Futterhaus frei schwebend mit einer dünnen

Das »klassische« große Futterhaus mit freier Futterfläche. Das Dach steht zum Schutz des Streufutters auf beiden Seiten über.

Schnur an einem Ast oder Balken befestigt. Auch eine Metallschürze oder ein Abwehrgürtel um den Pfahl unterhalb des Futterhauses verhindert, dass Katze, Marder & Co. erfolgreich nach oben gelangen.

Im Fachhandel gibt es eine Vielzahl unterschiedlicher Futterhäuser. Ein aus Birkenstämmchen gezimmertes Futterhaus passt sicherlich besser in den Naturgarten als eines aus Plastik oder Metall, das zudem noch kitschig bunt bemalt ist. Häufig sieht man das große »Hessische Futterhaus« (Bauanleitung für das kleine »Hessische Futterhaus« siehe Seite 120/121).

Das sauberste und damit hygienischste Futtergerät ist das Futtersilo (Bauanleitung siehe Seite 122), in welchem stets nur kleine Mengen des Futters zum Vogelschnabel nachrutschen. Das Futter kommt nicht mit dem Kot der Vögel in Berührung, doch müssen Sonnenblumenkerne, Hanf und andere Sämereien trocken nachgefüllt werden, damit sie im Siloschlund nicht verkleben und schimmeln.

Viele der zarten Weichfresser sind auf der Futterfläche den starken und häufigen Körnerfressern unterlegen. Ihnen sollten Sie an geschützter Stelle im Garten eine gesonderte

Am fett- und ölhaltigen Streufutter treffen sich Kohl- und Blaumeisen. Einen solchen Futter-Teller sollten Sie täglich säubern und neu befüllen.

Futterstelle anbieten. Das kann eine kleine wettergeschützte Kiste sein, die Sie an einer gut zu beobachtenden Stelle am Haus oder an einer Hütte platzieren. Beschickt wird sie mit Insektenfutter (siehe Seite 79).

Das richtige Futter

Das schönste Futterhaus ist wertlos, wenn es nicht mit einwandfreiem, gesundem Vogelfutter beschickt und wöchentlich mehrere Male gesäubert wird.
Beachten Sie, dass nicht alle Vögel das gleiche Futter bekommen. »Weichfresser« wie Rotkehlchen, Zaunkönig, Haus- und Garten-

WAS VERZEHREN DIE GARTENVÖGEL ÜBERS JAHR?

Im Frühsommer zur Jungvogelzeit verzehren fast alle Gartenvögel überwiegend Insekten als proteinreiche Aufbaunahrung.
Im Spätsommer/Herbst bleiben die Insektenfresser (Weichfresser) größtenteils bei der Insektennahrung, nehmen aber auch weiche Beeren und Pflanzenteile auf. Zugvögel fressen sich mit den Beeren den notwendigen Fettvorrat für die Reise ins Winterquartier an.

Körnerfresser (Hartfresser) verzehren überwiegend Sämereien aller Art, Beeren, Nüsse und andere Baumfrüchte.
Im Winter können Sie allen Gartenvögeln helfen, indem Sie ihnen Fettnahrung anbieten: Fett-Kleie-Gemisch, Knödel, Energiekuchen, ölgetränkte Haferflocken, fein geschnittene Rosinen, Haferflocken fein und grob. Dazu für Körnerfresser und auch Meisen Sämereien aller Art wie Sonnenblumenkerne. Winternahrung für alle Drosseln sind aufgeschnittene Äpfel und Birnen.

Das Fett-Kleie-Gemisch lockt alle Wintervögel an, hier einen Kleiber. Streichen Sie das Futter in Spalten und Höhlungen in Stämmen.

rotschwanz, Baumläufer, Goldhähnchen, Schwanzmeise, Meisen ernähren sich von Insekten. Insektenfutter für diese Arten besteht aus Rosinen und allen Fettfutterarten, die Sie auch als Futterglocken, Knödel und Ringe verwenden. Baumläufer freuen sich über Fett, das Sie in Baumrinde oder Baumspalten drücken. Kleiber sind in der Lage, auch Kerne und Nüsse zu öffnen. Hart- oder Körnerfresser wie Finken, Sperlinge oder Ammern ernähren sich von Sämereien. Ein Fett-Kleie-Gemisch im Verhältnis 1:1 in Blumentöpfe, Kistchen oder Büchsen gedrückt, ist bei allen Vögeln begehrt. Im Fachhandel gibt es für alle Vogelarten geeignetes Futter.

Achtung beim Futterkauf!

• Über manche Vogelfuttermischungen kommen unerwünschte Pflanzen in die Gärten, zum Beispiel das Beifußblättrige Traubenkraut oder Ambrosia (Ambrosia artemisiifolia), das bis weit in den Herbst hinein Heuschnupfen verursacht. Achten Sie beim Futterkauf auf den Hinweis »Ambrosiagetestet« auf der Packung.

• Verwenden Sie keine Futterknödel in dünnen Plastiknetzen. Daran können die Vögel

Der auf Augenhöhe aufgehängte Nistkasten mit Möglichkeit zum freien Anflug wird von den Gefiederten gern angenommen und erleichtert die Kontrolle.

hängen bleiben und sich verletzen, wenn sie bei einer drohenden Gefahr schnell flüchten müssen.

Nistkästen aufhängen

Wenn Sie Höhlenbrüter wie Meisen (siehe ab Seite 18) in Ihren Garten locken möchten, es dort aber nicht genügend Naturhöhlen gibt, müssen Sie Nistkästen aufhängen. Im Fachhandel gibt es verschiedene Modelle von Großraum-Nistkästen. Ab Seite 108 finden Sie Bauanleitungen für einige Nistkasten-Typen. Die Kästen sollten eine Grundfläche von 14 × 19 cm haben. Im hinteren Teil der Höhle brüten die Vögel, Nestmulde und Jungvögel bleiben während sommerlicher Regenperioden trocken, denn die fütternden, nassen Altvögel stehen nicht über dem Nest wie im kleinen Kasten, sondern seitlich davon. Ein weiteres Plus ist die Sicherheit der heranwachsenden Jungvögel, denn sie haben viel Platz in der Höhle und drängen nicht ständig zum Flugloch, sodass es Marder und Katze schwerfällt, einen Jungvogel herauszuangeln.

Beim Aufhängen der Kästen beachten:
- Hängen Sie die Kästen so auf, dass sie nie in der prallen Sonne hängen.
- Das Einflugloch sollte in Richtung Südsüdost zeigen.
- Befestigen Sie die Kästen mit Aluminiumnägeln am Baum oder freischwebend. Aluminiumnägel sind leichte Stifte, die weder den Baum noch die Kettensäge beschädigen, sollte der Baum eines Tages gefällt werden müssen.
- Hängen Sie die Kästen in Augenhöhe auf, sie werden gern von den Vögeln angenommen, weil sie einen freien An- und Abflug gewähren. Auch fällt die Nistkastenpflege ohne Leiter wesentlich leichter.
- Die Anzahl der Nistkästen richtet sich nach der Größe Ihres Gartens und nach Ihrer Bereitschaft, für eine gleichmäßige Ganzjahresfütterung, vor allem zur Jungenaufzuchtzeit, zu sorgen.

Beobachten der Nistkästen

Mit dem Anbringen der Nistkästen ist die Vogelansiedlung nicht beendet. Als Vogelfreund werden Sie in den Sommermonaten Ihre Nistkästen sehr aufmerksam beobachten und ab und an auch kontrollieren, das heißt, behutsam die Kastenklappe öffnen und ebenso vorsichtig nach der Kontrolle wieder schließen.

Blaumeisen arbeiten viele Federn in ihr Nest ein (oben). Moosnest der Haubenmeise mit vielen Pflanzenfasern (unten).

Ein Kohlmeisen-Gelege im Moosnest. Die Nestmulde haben die Altvögel mit reichlich Hundewolle ausgepolstert, die ein Hundebesitzer in der Nähe des Nistkastens seinem Hund auskämmte.

Tote Jungvögel entfernen Sie samt Nest. Dabei können Sie hin und wieder schwarzrote Käfer beobachten, die an den Vogelleichen fressen. Dies sind Totengräber (Gattung *Necrophorus*). Ihr erstaunlicher Geruchssinn führte sie von weit her zu den toten Tieren. Als Aasfresser spielen sie die Rolle der Entsorger und Gesundheitspolizei. Ein zerstörtes Gelege im Nistkasten kann auf räuberische Wald- oder Gelbhalsmäuse oder Bilche, vor allem den Gartenschläfer hinweisen, die die Eier fraßen. Doch es kommt auch vor, dass andere Höhlenbewohner den Kasten bezogen haben und dabei die Eier des Vormieters zerstörten. Hummelköniginnen, die zur Staatengründung eine geeignete Höhle suchen, vertreiben manchmal die brütenden Vögel mit ihrem lauten Gebrumm vom Nest und richten sich dann im Nistkasten häuslich ein. Nacktschnecken, vor allem die Große Egelschnecke *(Limax maximus)*, gelangen auf der Suche nach schattigen Plätzen in Nistkästen und können mit ihrem Schleim Nest

Nistkästen sollten Sie das ganze Jahr über kontrollieren: Entfernen Sie nach der Brutzeit die alten Nester und im zeitigen Frühjahr den Kot von Vögeln, die im Kasten übernachtet haben.

und Gelege bedecken. Das veranlasst die Vögel oft, ihre Brut zu verlassen. Wenn Sie dies feststellen, sollten Sie den Nistkasten reinigen, damit er wieder bezogen werden kann. Auch die Larven des Speckkäfers *(Dermestes lardarius)* können lästig werden, denn der Käfer überfällt die Vogelbruten und frisst die Jungvögel. Ebenso sind Lausfliegen gefürchtet, die sich im Gefieder der Vögel einnisten und Blut saugen.

Nicht selten versuchen Buntspechte durch Aufhacken der Vorderwand an die Jungvögel zu gelangen, um sie ihren Jungen zu verfüttern. Das ist in unseren Augen zwar grausam, aber naturbestimmt. Die so entstandenen Löcher im Nistkasten verschließen Sie am sichersten mit einer Blechmanschette oder einem feinen Drahtgeflecht (siehe Foto Seite 93).

Entdecken Sie auf einem neu gebauten Meisennest weißlichen, über das ganze Nest verschmierten Flüssigkot, deutet das auf eine Darmerkrankung der Vögel hin; in diesem Fall das Nest unbedingt entfernen.

Am besten desinfizieren Sie den Kasten. Jahr für Jahr spielen sich in und an den Nisthöhlen Tragödien ab, die nur dem aufmerksamen Beobachter auffallen.

Reinigung der Nistkästen

Der Herbst, so Ende September, Anfang Oktober, ist die günstigste Zeit, die Nistkästen zu reinigen. Dazu entfernen Sie das alte Nistmaterial und säubern das Innere des Nistkastens mit einer Spachtel. Danach blasen Sie den Nistkasten mit einer Luftpumpe aus und hängen ihn wieder an seinen Platz im Garten (siehe Kasten unten). Wer es besonders genau nimmt mit der Reinigung, kann den Höhlenboden mit einer Sodalauge auswaschen, doch muss die Höhle vor dem Schließen vollständig trocken sein, damit sich kein Schimmel bildet.
Oft sind Kasteninneres und das Nest voller Milben, Zecken und Flöhe, die auf der Haut des Menschen ein lästiges Jucken hinterlassen. Über diese Plagegeister der Vögel erfahren Sie ab Seite 93 mehr.

War ein Kasten die Wiege eines Hummelvolks, dann lohnt es sich, das Hummelnest einmal gründlich zu untersuchen, bevor Sie es entfernen. Neben leeren Waben können Sie die Nektartönnchen entdecken, mitunter auch ein paar tote Hummeln, die Aufschluss über die Art geben. Manchmal sind die Nester vom zähen Gespinst der Hummelwachsmotte so sehr umschlossen und an den Höhlenwänden verklebt, dass nur die Spachtel bei der Reinigung hilft. Die Larven der Wachsmotte fressen das Wachs der Brutzellen und die sich darin entwickelnden Hummellarven.

Sicher möchten Sie auch wissen, ob in den Nistkästen Bruten erfolgreich aufgezogen wurden. Ein sicherer Beweis dafür sind feine Federkielschuppen der heranwachsenden Jungvögel, die sich auf dem Kastenboden anhäufen, wenn Sie das alte, niedergedrückte Nest etwas anheben und gegen die Kastenwand klopfen.

Alle Beobachtungen notieren Sie am besten mit Datum und Angaben zum Wetter des Brutjahres. Im Lauf der Jahre entsteht so ein wahres »Schatzkästlein« des heimatlichen Naturgeschehens. Nicht selten sind zuverlässige detaillierte Daten über ein begrenztes Beobachtungsgebiet für Vogelwarten und ähnliche Institute von großem Wert.

> **WICHTIG**
>
> Hängen Sie niemals Nistkästen ab, um sie im Winterhalbjahr im Schuppen oder im Haus aufzubewahren. Die Höhlenbrüter brauchen die Höhle als Schlafplatz! Deshalb ist der Herbst auch die beste Zeit, neue Nistkästen anzubringen. Die Vögel können sich somit lange vor der Brutsaison an die neuen Behausungen gewöhnen. Ein paar Nistkästen sollten Sie aber für später im Jahr zurückkehrende Zugvögel wie Schnäpper erst gegen Ende April aufhängen (siehe Seite 25).

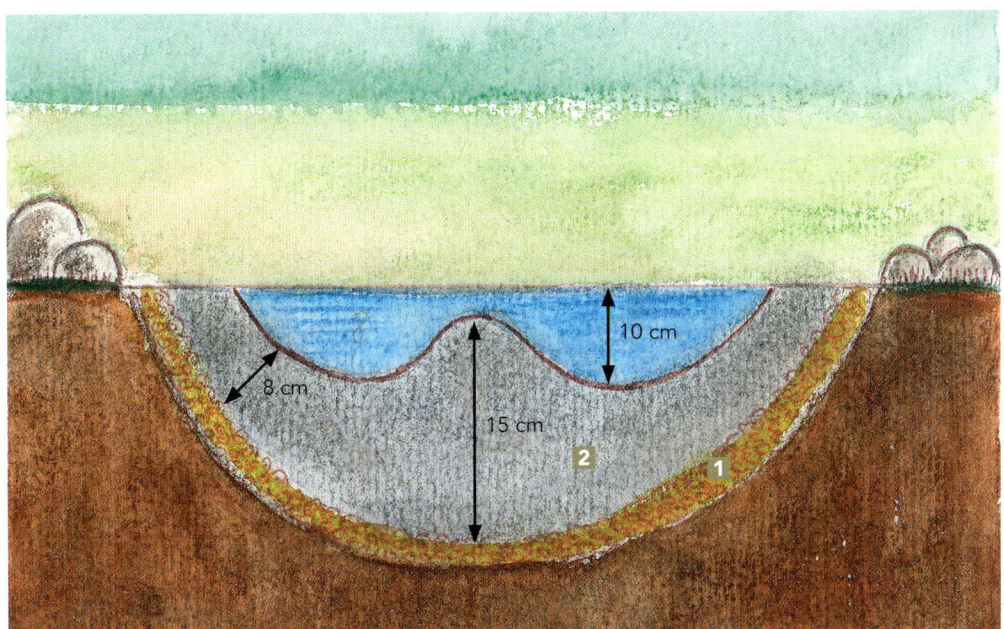

Querschnitt durch mein selbst gebautes Vogelbad: Erdaushub 20 cm tief; darauf kommt eine Schicht grober gestampfter Sand 1, darauf eine Schicht Zementmischung 2, sodass das Wasser 10 cm tief ist.

Vogelbad und -tränke für eine optimale Vogelpflege

Ein buntes Vogelvolk belebt meinen Garten, seitdem ich verschiedene Nistkästen angebracht habe, regelmäßig für eine gesunde Fütterung sorge und im Sommer darauf achte, dass das Vogelbad im Rasen stets mit sauberem Wasser gefüllt ist. Besser keine Wasserstelle im Garten als eine unsaubere mit schlechtem Wasser, ist das Gebot! Beim Bau eines Vogelbades, das den Tieren auch als Tränke dient, sind Ihrer Fantasie keine Grenzen gesetzt, allerdings sollten Sie ein paar sehr wesentliche Punkte dabei berücksichtigen.

• Als Platz für die flache Wasserstelle wählen Sie eine freie Rasenfläche nur wenige Meter von schützenden Hecken oder Sträuchern entfernt, damit die Vögel bei Auftauchen ihrer Flug- oder Bodenfeinde einen günstigen Fluchtweg haben. Als besonders katzensicher haben sich Hochtränken, 1,70 m über dem Boden, bewährt.

• Ob aus Stein gehauen oder aus Beton gegossen, das Vogelbad muss groß genug sein, damit das Wasser bei Hitze nicht zu schnell »umkippt«, das heißt schlecht wird.

Flügelschlagend und sich kräftig schüttelnd hat das Rotkehlchen ein Bad genommen. Wasser im Garten lockt alle Vögel an, doch muss das Wasser stets frisch sein.

Mein kleines Vogelbad hat eine mittlere Tiefe von 10 cm. Eine kleine Erhebung in der Mitte und Kieselsteine am Rand ermöglichen auch jungen, unerfahrenen Vögeln das sorglose Baden und Trinken. Um die Schale herum habe ich nur ein paar Gräser gepflanzt und große Steine gelegt. Wenige Tage nach Fertigstellung herrschte ein reger Badebetrieb in meinem Garten, der nun erst so richtig vogelfreundlich war. Nicht nur die in meinem Garten nistenden Vögel nutzten die Wasserstelle zum Baden und Trinken, sondern auch die Vögel der Nachbargärten mangels Wasserstellen dort. Ich beobachtete Buchfinken, Grünlinge, Haus- und Feldsperlinge, Stare, Kohl- und Blaumeisen, Kleiber, Rotkehlchen, Heckenbraunellen und einmal einen Buntspecht, der Wasser schöpfte. Eines Morgens badete ein Eichelhäher minutenlang und so ausgiebig, dass ich danach Wasser nachfüllen musste.

Bei Besuchen anderer Vogelfreunde entdeckte ich die unterschiedlichsten und seltsamsten Vogeltränken. Da gab es Keramikschalen mit und ohne Verzierung in Gestalt

Schnabel eintauchen, den Kopf heben und das Wasser nach hinten laufen lassen – so trinken Vögel wie der Grünfink, ein häufiger Heckenvogel.

kleiner Vogelgruppen und Figuren und formschöne Tröge auf kunstvoll geschmiedeten Gestellen oder in Steinblöcke gemeißelte Becken. Manche standen inmitten blühender Rosenbeete, andere fügten sich im Blütenzauber eines Balkons ein und noch andere waren gar überdacht, um Sonne und Regen vom Wasser fernzuhalten. Nicht schön, aber praktisch ist der aufgeschnittene Autoreifen, der in den Rasen eingelassen und von Kieselsteinen umlegt war und den in der Mitte ein Silbergrasbüschel zierte.

Mein Vogelparadies komplett

Noch beliebter sind Tümpel oder Teiche, dafür aber ist meine kleine gepflegte Wildnis, meine Vogellaube zu klein. Der Tümpel würde natürlich Libellen und Amphibien anlocken, aber auch an meiner kleinen Wasserstelle schöpfen Bienen, Hummeln und Schmetterlinge vom klaren Wasser. Das Bad ermöglicht mir unvergessliche Beobachtungen! Faszinierend zu sehen, wie intensiv die Vögel nach dem Trinken ihr Gefieder benetzen oder ganz in das Wasser eintauchen. Wasser ist aus dem Leben der Vögel nicht wegzudenken! Es bedeutet Gefiederpflege und somit Wohlbefinden! Die Pflege des Gefieders besteht aus vielen verschiedenen Bewegungen instinktiven Handelns, die so schnell ausgeführt werden, dass man Mühe hat, ihnen zu folgen. Die Flugfähigkeit ist für Sekunden eingeschränkt und muss rasch wieder hergestellt werden. Das Trocknen und Einreiben der Federn mit dem Fett der »Putzdrüse« geschieht auf einem vorübergehend sicheren Platz in der Nähe der Wasserstelle.

Baden steckt an. Kaum planscht ein Vogel im Wasser, gesellen sich andere der verschiedensten Arten hinzu, wobei die Sperlinge am putzigsten sind.

Mein Vogelbad entleere ich vor dem Schneefall und säubere es gründlich, denn durstige Vögel fressen Schnee.

Sperlinge, im Bild ein Haussperlings-Weibchen, baden nicht nur in Wasser, sondern besonders gern auch in Sand. Das hilft ihnen gegen Parasitenbefall.

Da ich die Spatzen oft unter dem Gebüsch beim Sandbaden beobachtete, stellte ich an Sommertagen eine flache Holzkiste mit Vogelsand aus dem Zoofachgeschäft auf den Rasen. Ich war überrascht, als sich die schilpende Gesellschaft sofort darin wohlfühlte. Alt und Jung stäubten sich mit Sand ein – ein Sandbad ist die andere Form der Gefiederpflege. Kündigte sich Regen an, trug ich das Sandbad in die Gartenhütte – nasser Sand verklebt und trocknet langsam. So schloss ich die Lücke in meinem kleinen Vogelparadies und stelle mit Freude fest, dass sich immer mehr Vögel in meinem Garten einfinden!

Hinweis: Im Rahmen der Vogelansiedlung sind Vogelbad und -tränke so wichtig wie die gesunde Vogelfütterung. Wasser lockt die Vögel in den Garten. Deshalb dieser Tipp: Decken Sie Regenwassertonnen und andere wassergefüllte Behältnisse mit Draht oder Brettern zu. Jährlich ertrinken viele Vögel in tiefen Wasserbecken, unter ihnen sogar große Vögel wie Waldkauz, Turmfalke oder Tauben. An den glatten Innenwänden rutschen sie ab und sind des Todes.

Ammerschütte und Eulenschütte – Hilfe in der Notzeit

Feldhuhn-Fütterungen für Fasan und Rebhuhn sind Sache des jeweiligen Jagdpächters. Im Sinne eines vertrauensvollen Miteinanders im Naturschutz wird der Revierinhaber gern die Hilfe des Vogelfreundes bei der Versorgung der Fütterung in Anspruch nehmen. Das ist eine wertvolle Tätigkeit außerhalb des kleinen Gartens, die Aufschluss über die Wintervögel in der offenen Feldflur gibt, denn an den Feldhuhn-Futterstellen erscheinen neben den großen Vögeln auch Goldammern, Feld- und Haussperlinge, Hänflinge, ab und an sogar umherstreifende Distelfinken. Die Schütte, ein stabiles Holzgestell mit einem nach hinten abfallenden Stroh- oder Schilfdach und mit einer Bodenfläche von mindestens 2 × 1,5 m (siehe Tafel unten), wird mit Getreideabfall und zusammengekehrten Grassamen aus des Bauern Heuschober beschickt. Über den einschlägigen Samengroßhandel der

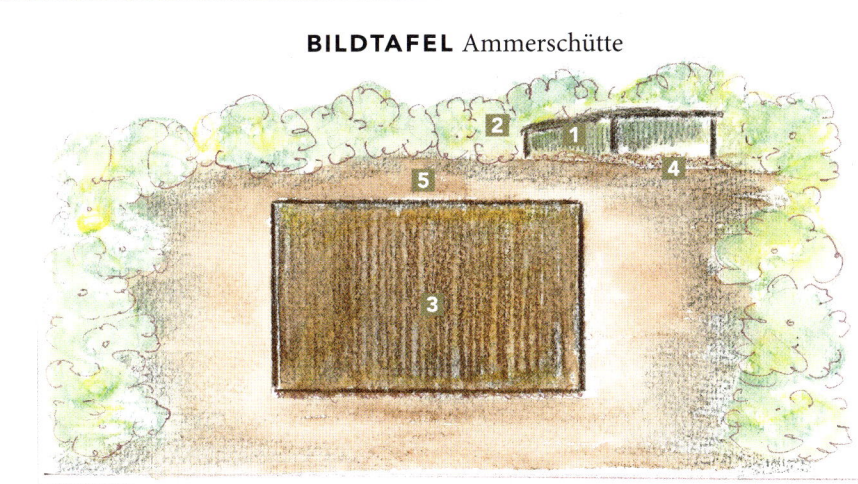

BILDTAFEL Ammerschütte

Die Schütte ist im hinteren Teil leicht abfallend 1, mit einem Rohrmatten- oder Strohdach versehen 2, vorne ca. 60 cm hoch 3 und gewährt eine freie Sicht in das Feld 4. Gebüsche und Hecken sind mind. 2 m entfernt 5.

BILDTAFEL Besucher der Ammerschütte

1 Goldammer *(Emberiza citrinella)*   2 Grauammer *(Miliaria calandra)*   3 Zaunammer *(Emberiza cirlus)*

Genossenschaften wird der Revierinhaber zudem sackweise Sonnenblumenkerne und andere Samen mit Verfalldatum bekommen, sodass die Schütte in der kritischen Zeit des Jahres wohl versorgt ist.

Auch hier müssen Gebüsche oder kleine Wäldchen als Fluchtzonen für die Gefiederten vorhanden sein, der freie Einblick in die Feldlandschaft aber ist überlebenswichtig, wenn Habicht, Sperber, Turmfalke oder Fuchs auftauchen; Vogelansammlungen ziehen immer auch Beutegreifer an. Die zwischenzeitliche Säuberung des Bodens ist auch bei einer Schütte eine Selbstverständlichkeit.

Wo der Vogelfreund bei Landwirten und Jägern auf großherziges Verständnis für die Greifvögel und Eulen stößt, entfalten sich für ihn großartige Möglichkeiten, zum Schutz und zur Pflege dieser faszinierenden Vögel einen optimalen Beitrag zu leisten. Während **Waldkauz** *(Strix aluco)* und **Steinkauz** *(Athene noctua)* im Winter ab und zu neben der Hauptnahrung Maus einen kleinen Vogel erbeuten, hat es die **Waldohreule** *(Asio otus)* als klassischer Mäusejäger sehr schwer, über die ärgste Zeit zu kommen. Die Mäuse leben unter der Schneedecke und die Jagd ist für die Waldohreule kräftezehrend.

Ohne bedeutenden finanziellen Aufwand kann man auf offenen Waldflächen, Waldwiesen und an Feldrainen eine »Eulenschütte« gestalten. In einem Vogelschutz-Lehr- und Versuchsrevier hat sich die auf der Tafel unten abgebildete Eulenschütte gut bewährt.

Mehrere Strohballen werden im Oktober schon an dem genannten Platz auf schmale Leisten gelegt, um Mäuse dort in und unter das warme Stroh zu locken. In der Mitte des Quadrates steht ein Holzgerüst mit einem Strohdach, unter das regelmäßig ab Herbst Getreide und Sämereien geschüttet werden, für die Mäuse eine sichere Nahrungsquelle. Zwischen Streugut und Strohballen ist ein Sprungweg von etwa einem Meter vonnöten.

Eule, Falke und Bussard werden hier zwar nicht satt, kommen aber auch mit kleiner Beute über die schlimmste Zeit des Winters.

Der Vogelfreund ist gefordert – die »Eulenschütte« verlangt Einsatz bei jedem Wetter!

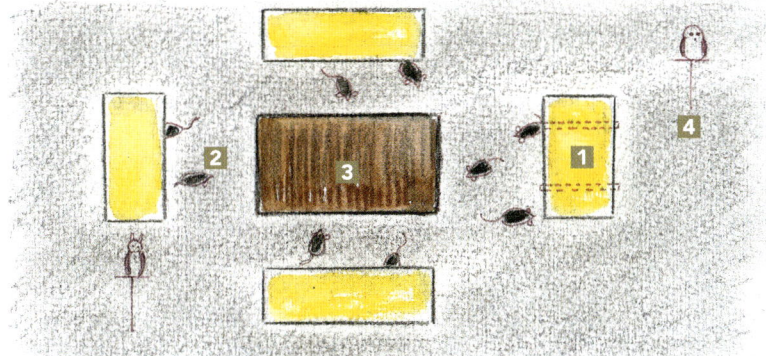

BILDTAFEL Eulenschütte

Strohballen liegen auf 7 cm starken Holzleisten 1, hier gestrichelte Linien, um die Schütte herum. Die schneefrei gehaltene Fläche zwischen Stroh und Schütte ist 50–100 cm breit 2. Versehen mit Stroh- oder Rohrmattendach 3, in der Nähe sind Sitzkrücken für die Greife und Eulen aufgestellt 4.

Gefahren, die auf die Gefiederten warten

Gefahren für ihre Gesundheit und ihr Leben lauern nicht nur im Gebüsch oder aus der Luft durch Beutegreifer, sondern heimtückisch und schleichend in der Nahrung, im Wasser und im Nest.

Selbst gut gefütterte Katzen sind der Vögel Verderben, weil sie ihren Jagdtrieb ausleben wollen – auch wenn das die Katzenfreunde bestreiten.

Beutegreifer

Katzen sind von Natur aus »Beutegreifer«. Früher gehörte die Hauskatze zum Bauernhof wie der Hund und die Spatzen. »Sie gingen sich aus dem Weg«, erzählt ein Bauer. Allerdings war der aus dem Nest gefallene Jungvogel leichte Beute für die Katze. Brutvögel, die Erfahrung mit Katzen hatten, kannten Tricks, um davonzukommen.
Die Zeiten haben sich geändert. Heute sind die Katzen mit 13,7 Millionen die beliebtesten Haustiere vor dem Hund (9,2 Millionen) nach einer Zählung des Zentralverbands Zoologischer Fachbetriebe (Sindelfinger Zeitung vom 9.5.2018).
Experten schätzen, dass viele der »Streicheltiere« die Vogeljagd in der freien Natur pflegen und dass etwa 200 Millionen Vögel auf ihr Konto gehen – ein enormer Druck auf die ohnehin bedrohte Vogelwelt!
Hauskatzen stammen nicht von der Wildkatze *(Felis silvestris)* ab, die abseits menschlicher Siedlungen in ausgedehnten Feld-Wald-Landschaften lebt. Ihre Nahrung besteht nach Erkenntnissen der Wildforscher zu 87 Prozent aus Kleinsäugern, angeführt von der Feldmaus. Doch lassen sich

Hauskatzen nicht zu »Nur-Mäusejägern« erziehen. Natur eben.

Rabenkrähe *(Corvus corone)*, **Elster** *(Pica pica)* und **Eichelhäher** *(Garrulus glandarius)* sind natürliche Regulatoren im Ökosystem und von besonderer Schläue beim Finden von Eiern und Jungvögeln. Während der Brutzeit und Aufzucht der Jungen ist der Proteinbedarf aller Vögel groß. Die Rabenvögel versuchen, durch Plündern der Kleinvogelbruten einen Mangel auszugleichen. Erfahrene Altvögel der kleinen Arten, wie Rotkehlchen, Grasmücken und Zaunkönig, verstecken ihre Nester so gut, dass sie nicht zu finden sind.

Abhilfe schaffen

Um zu verhindern, dass Katzen oder Marder mit ihren Pfoten durch das Einflugloch der Nisthöhlen Jungvögel herausangeln, bringen Sie am besten am Flugloch einen Marderschutz in Form einer kleinen Röhre oder eines Holzvorsatzes an. Das erübrigt sich beim Großraum-Nistkasten.

Parasiten

Vielerlei Schmarotzer belasten des Vogels Gesundheit. Die häufig in großer Zahl auftretenden Zecken und Milben und andere Parasiten sind Blutsauger und schwächen vor allem die Jungvögel im Nest. Dagegen überstehen die Altvögel die Attacken der Quälgeister wegen ihres ausgeprägteren Immunsystems besser.

Ebenso gefährlich wie die blutsaugenden Zecken sind die Federmilben, die das Feingewebe der Vogelfeder zerstören, der Vogel verliert so seine Flugleistung. Wanzen und Blutfliegen ergänzen das Heer der Plagegeister, die sich besonders in Nistkästen ungestört über die Vögel hermachen.

Ein grobmaschiges Drahtgeflecht schützt die Halbhöhle vor Vogelfeinden. Die Vögel lernen durchzuschlüpfen.

»Plustervögel«, hier Amsel 1 und Wintergoldhähnchen 2, sind nicht krank. Das Gefieder wirkt gegen die Winterkälte wie ein isolierender Luftmantel, der die lebenswichtige Körperwärme hält und schützt.

Seit ein paar Jahren dezimiert das afrikanische Usutu-Virus die Bestände der Amsel. Schmutzige Wasserstellen sind vor allem bei warmer Witterung Infektionsquellen. Krankheitserreger gelangen über den ausgeschiedenen Kot in das Vogelbad, das ja auch Tränke ist.
Auch auf der Futterfläche des offenen Futterhauses verlieren die Vögel Kot und verbreiten somit innerhalb kürzester Zeit Salmonellen und andere Krankheiten. Grünlinge etwa leiden unter dem Einzeller *Trichomonas gallinae*, der zum Tode führt und ebenso gefährlich ist wie Salmonellen. Die Vögel sitzen aufgeplustert und apathisch herum, heller Schaum zeigt sich an den Schnäbeln. Die beste Körnerfütterung ist deshalb die Silofütterung (siehe Seite 77).

Auch durch Wucherungen und Pilze an Schnäbeln und Füßen sind Vögel belastet. Gefährdet sind besonders jene, die allerlei Wohlstandsabfall verzehren, die Möwen voran. Es ist erschreckend, wie sorglos Eltern ihren Kindern erlauben, Möwen und andere aufdringliche Vögel mit Keksen, Schokolade, Eis und anderen Leckereien zu füttern. Nicht selten essen die Kinder dann die Reste der dargereichten Lebensmittel selbst, eine Gefahr für die Gesundheit ist nicht auszuschließen. Allerdings sind solche Futtergaben auch für die Vögel schädlich. Die Liste der »Heimtücker« ist lang und stimmt nachdenklich, wenn man von Spulwürmern, Luftröhrenwürmern, Riemenwürmern liest; der Anteil parasitierender Würmer im Vogelkörper ist als gefährlich hoch einzuschätzen.

Hygienemaßnahmen

Der Vogelfreund wird zunächst darauf achten, dass die Gartenvögel soweit wie möglich in einem hygienischen Umfeld leben. Saubere Nistkästen und eine saubere Vogelfütterung sind ihm Gebot. Besonders in milden Wintern muss der Futterplatz, schnee- und windgeschützt, sehr aufmerksam kontrolliert und beobachtet werden, da sich viele Vögel dort einstellen und Krankheitserreger schnell übertragen werden. Im Sommer ist das saubere, stets frische Wasser in Vogelbad und Tränke ein Muss! Bei Kontrolle und Reinigung der Futterstellen ziehe man Handschuhe an.

Vogelsterben größeren Ausmaßes melden Sie selbstverständlich den Tierhygienischen Instituten und den Naturschutzbehörden!

Glasscheiben als Gefahr

Fenster stellen eine tödliche Gefahr dar. Die Vögel erkennen Glas nicht als Hindernis und prallen dagegen, wenn sie zum Beispiel auf der Flucht sind. Experten schätzen, dass ca. 100 Millionen Vögel so pro Jahr sterben. Besonders fatal ist es, wenn Fenster und offene Türen in der Wohnung in einer Linie liegen und einen Durchschlupf vermuten lassen, oder wenn sich Bäume und Sträucher als vermeintlich sicherer Zufluchtsort in der Scheibe reflektieren.
Scheibenflug lässt sich verhindern etwa durch Vorhänge und Ähnliches an den Fenstern oder durch reflexionsarmes Glas. Aufgeklebte Vogelsilhouetten helfen nur, wenn sie dicht nebeneinander angebracht werden. Andernfalls umfliegt der Vogel das Hindernis und prallt daneben auf Glas.

Der Vogelfreund kontrolliert regelmäßig den Nistkasten und hält ihn sauber (oben).
Silofütterung ist die beste Körnerfütterung (unten).

GEFAHREN, DIE AUF DIE GEFIEDERTEN WARTEN

Greifvögel

Der Name sagt es, sie greifen ihre Beute mit den Füßen und verzehren sie. Sie sind wichtige Glieder im Ökosystem und als solche gesetzlich geschützt. So sorgen sie als Endglieder der Nahrungskette zum Beispiel für die Entsorgung von toten Tieren oder sie erhalten die Bestände der Wildtiere gesund, weil sie vor allem kranke und schwache Tiere fangen.

Bis in die 1960er-Jahre haben einige Arten, vor allem die Habichtartigen und die Falken, aber auch die Eulen, unter der europaweiten Pestizidanwendung gelitten; über die Nahrung gelangten zerstörerische Gifte in die Eier, viele Bruten fielen aus. Zudem wurden vor allem Wanderfalke und Habicht als Konkurrenten des Menschen von uns verfolgt und abgeschossen. Heutzutage sind die Bestände der meisten Arten als stabil zu bewerten, wenngleich hier und dort Vögel, vor allem in Südeuropa, immer noch von Wilderern abgeschossen oder gefangen werden. Die EG-Richtlinien zu ihrem Schutz scheinen gebietsweise leider keine Beachtung zu finden oder sie unterliegen mittelalterlich anmutenden Traditionen. Die Verluste durch Straßenverkehr, Schiene, Scheibenflug, Stromtod, Windräder, Che-

Nach 32 Nestlingstagen erkunden die jungen Turmfalken (oben) die Umgebung des Brutplatzes. Unten: Gelege des Turmfalken.

Der schnelle Vogeljäger Wanderfalke jagt im freien Luftraum. Hier ist ein noch junger Falke in Ruhehaltung zu sehen.

mie und illegalen Abschuss sind jährlich enorm und geben Anlass zur ernsten Sorge.

Welche Greifvögel kann man in Gärten beobachten?

Sobald sich ein Greifvogel meinem Garten nähert, herrscht unter den kleinen Gefiederten helle Aufruhr, die abrupt nach dem schrillen Warnpfiff der Kohlmeise endet; die Jäger der Lüfte sind auf Beutezug.

Der **Turmfalke** *(Falco tinnunculus)* besiedelt schon seit Jahrhunderten hohe Gebäude in Siedlungen, auch in Großstädten. Häufig zieht er im Kirchturm neben den Schleiereulen jährlich seine Jungen auf. Als Mäusejäger ist er von den Gartenvögeln weniger gefürchtet, obwohl auch er, vor allem in schneereichen Wintern, kleine Vögel als Nahrung nicht verschmäht.

Sein großer Bruder, der **Wanderfalke** *(Falco peregrinus)*, war durch Verfolgung und Vergiftung bei uns fast ausgestorben. Dank Horstbewachung und Auswilderung von gezüchteten Vögeln ist sein Bestand wieder angewachsen. In manchen Städten wurde er bewusst angesiedelt, um der Stadttauben Herr zu werden.

Ein Habicht im Streckenflug. Bei der Jagd ist der größere Bruder des Sperbers der ungestüme und gefürchtete Überraschungsjäger.

Ein Mäusejäger wie der Turmfalke ist auch der **Mäusebussard** *(Buteo buteo)*, der oft von Weidepfählen oder von einem Baum aus seine Jagdflüge startet.

Der **Habicht** *(Accipiter gentilis)* hat es auf Elstern, Krähen und Tauben abgesehen, nimmt also als Regulator dieser Arten einen wichtigen Platz ein.

Am meisten gefürchtet ist der ungestüme Kleinvogeljäger **Sperber** *(Accipiter nisus)*, der oft schon eine Meise, einen Finken oder Sperling am Futterhaus holte, ihn dort rupfte (siehe Kasten Seite 100) und kröpfte.

Alle Greifvögel sind sie faszinierende Erscheinungen, die die Populationen ihrer Beutetiere regulieren und selbst durch deren Vorkommen in ihrem Bestand reguliert werden – keine Beute, keine Brut.

Greifvögel beobachten

Greifvögel sind faszinierende Wesen und sie in freier Wildbahn zu beobachten, ist immer ein unvergessliches Erlebnis! Am ehesten lassen sie sich im Flug beobachten. An ihrer Silhouette kann man erkennen, zu welchem Typ Jäger sie gehören.

BILDTAFEL Sperber

♂

♀

Auch der Sperber ist ein »Überraschungsjäger«, der aus dem Pirschflug heraus seine Beute schlägt und mitunter bis in das dichteste Gebüsch hinein verfolgt. Mit seinen kurzen, breiten Flügeln und dem relativ langen Schwanz kann er im Flug gut manövrieren.

RUPFUNG ODER RISS?
Manchmal findet man im Wald oder auf Wegen Federn oder sogar zusammenhängende Gefiederbereiche und möchte dann wissen, wer hier erfolgreich gejagt hatte. Am Zustand der Federn kann man sehr gut unterscheiden, ob hier ein Greifvogel oder ein Säugetier gefressen hat. Hat zum Beispiel ein Sperber einen Kleinvogel gefangen, dann rupft er ihn, bevor er ihn verzehrt (kröpft). Der Kiel der Feder ist dann unbeschädigt, man erkennt einen leichten Knick, der vom Anpacken durch den Schnabel stammt. Machen Marder, Wiesel, Katze oder Fuchs Beute, dann sind die Federkiele abgebissen, das ist ein »Riss«.

Falken haben relativ lange, schmale Flügel. Dies befähigt sie zu rasantem Flug. Sie verfolgen ihre Beute in der Luft, wobei sie vor allem im Steilstoß große Geschwindigkeiten erreichen können. Kleinvögel verstecken sich im Gebüsch oder am Boden, wenn sie einen Falken erblicken. Dieses Verhalten hilft ihnen nichts, wenn ein Sperber oder Habicht jagt. Mit ihren relativ breiten, kurzen Flügeln und dem langen Schwanz können sie wendig fliegen und manövrieren und ihre Beute auch bis in die Deckung verfolgen. Zudem erreichen sie in kurzer Zeit hohe Geschwindigkeiten. Bussarde haben breite, relativ lange Flügel, auf denen sie oft kreisen und aus großer Höhe nach unvorsichtigen Beutetieren Ausschau halten. Auch die Ansitzjagd von einem Pfosten oder Ähnlichem aus wird praktiziert.

Lassen Sie sich jedoch nicht auf Adlerwarten und Falkenhöfen verdummen. Die Schaufalkner propagieren ihre Greifvogelhaltung als »erzieherisch wertvolles Naturerlebnis« – das ist ein Hohn. Angepflockte,

Mäusebussarde sind in Gefiederfarbe und Zeichnung sehr variabel. Sehr helle Exemplare sind keine Seltenheit.

gekäfigte oder zum Schauflug dressierte Vögel sind immer ihrer Freiheit beraubt! Dass sie kranke und verletzte Greifvögel gesund pflegen, bringt den Falknern vermutlich die Genehmigung der Naturschutzbehörden ein, wenn auch zweifelhaft.

Ein wenig anders ist die Situation bei der Beizjagd, der ältesten Jagdart, bevor es Pulver und Blei gab. Die Greifvögel dürfen hier ihren Jagdtrieb ausleben und erhalten in der Regel Teile ihrer Beute.
Züchtungen in Zoologischen Gärten und Tierparks sind ebenfalls anders zu bewerten, doch erst die Beobachtung des Wildtiers in seinem natürlichen Lebensraum ist das wahre Naturerlebnis.

Greifvögel schützen

Auch wenn Sie gern naturschützerisch tätig werden möchten, sollten Sie nicht zu viele Aufgaben gleichzeitig lösen wollen, das geht auf Kosten besonders schutzbedürftiger Tiere und Pflanzen. So sollten Sie zum Beispiel das Aufstellen und Versorgen eines Futtertisches für Greifvögel dem Jagd- und Forstpersonal oder in Schutzgebieten der zuständigen Verwaltung überlassen, Mithilfe ist sicherlich willkommen!

Hilfreich ist es, die Situation der Greifvögel im Winter zu beobachten und illegale Vorkommnisse den zuständigen Stellen mitzuteilen. Das betrifft insbesondere die Fütterung. Es ist erschreckend, wie naiv manche Leute in falsch verstandener Tierliebe in ihrem Garten Greifvögel füttern; das Angebot reicht von Bratwürsten über Mittagstischreste bis zum Katzenfutter. Was gut gemeint ist, kann für die Vögel tödlich sein. Ihre wichtigste Aufgabe zum Schutz der Greifvögel ist es, aufklärend zu wirken und dabei eigene Beobachtungen und Erfahrungen Interessierten zugänglich zu machen.

Ein Futtertisch zur Greifvogelfütterung – so aufgestellt, ist er fuchs-, marder- und katzensicher.

Arbeitsplan: Vogelschutz im Jahreslauf

Was ist wann zu tun? Damit Sie nichts vergessen, habe ich dieses kleine Vogelschutz-Kalendarium als Hilfe für Ihre Planung zusammengestellt.

Januar

Am Futterhaus herrscht Meisenbetrieb. Die Vögel erfreuen sich am Mischfutter. Beliebt bei allen Gefiederten ist ein Fett-Kleie-Gemisch. Rotdrosseln und Seidenschwänze, Wintergäste aus dem hohen Norden, suchen Wildbeeren und Fallobst. Rotkehlchen, die im Brutgebiet bleiben, nehmen auch eingeschnittene Rosinen und Haferflocken an, Amseln aufgeschnittene Äpfel. **Achtung!** Futterplätze sauber halten, Futterreste mindestens einmal pro Woche entfernen. Sehen Sie schmierigen Vogelkot, stellen Sie die Fütterung sofort ein. Futterstellen desinfizieren, vorerst nicht mehr füttern, Salmonellengefahr. Aufgeplusterte Vögel müssen nicht krank sein! Sie halten im Federkleid eine konstante Körperwärme.

Februar

Die ersten Singdrosseln kehren aus dem Winterquartier zurück und singen von hoher Warte. Heckenbraunellen stellen sich an der Fütterung ein. Legen Sie für Weichfresser reichlich ölgetränkte Haferflocken, Insektenfutter und geriebene Nüsse aus. Für Baumläufer können Sie Fettfutter in Baumspalten und Risse in der Rinde drücken. Futtergeräte sauber halten. Letzte Nistkästen für Höhlenbrüter und Nischenbrüter bauen und Ende des Monats anbringen, alle Nistkästen kontrollieren, dabei Vogelkot von Höhlenbrütern entfernen, die in den Höhlen schlafen.

März

Bachstelzen und Hausrotschwänze kehren aus dem Winterquartier zurück, Gebirgsstelzen sind zu beobachten. Die ersten Zilpzalpe (Weidenlaubsänger) singen bereits. Ende des Monats beginnen die Tannenmeisen mit dem Nestbau. Es folgen Kohl- und Haubenmeisen. Der Kleiberruf und das Trommeln der Spechte ist zu vernehmen. Jetzt Vogelbad und Tränke aufstellen oder neu gestalten. Solange Frost herrscht, aber noch kein Wasser einfüllen!

April

Blaumeisen und Kleiber sind mit dem Nestbau beschäftigt, der Kleiber verkleinert das Einflugloch zur Höhle mit Lehm. Auch Rotkehlchen bauen Nester. Oder brüten sie schon? Mönchsgrasmücken sind zu hören. Kontrollieren Sie täglich die Futterplätze! Denn durchziehende Vogelschwärme, etwa

Finken, könnten Krankheiten mitbringen. Bei Flüssigkot die Fütterung sofort einstellen, Futterreste verbrennen.

Mai

Alle Grasmücken, Laubsänger und Schnäpper sind im Brutgebiet.
Die hohe Zeit der Vogelbruten! Nester, die durch Katzen und andere Nesträuber gefährdet sind, jetzt mit einem Abwehrgürtel aus spitzen Reisern oder Drahtgeflecht um den Stamm schützen. Dies ist nur sinnvoll, wenn der Baum frei steht, denn Marder sind Weitspringer. Vorsicht, Verletzungsgefahr! Vogelbad und Tränke versorgen Sie täglich mit Frischwasser. Klug dosierte Futtergaben in Silo und Futterhaus stärken die Vogelbruten. Sind Sie häufig im Garten anwesend, stören Sie Rabenvögel und Eichhörnchen bei der Gelegesuche – Vogeleier dienen ihnen als vitaminreiche Zusatznahrung.

Juni

Spät heimkehrende Halsband- und Trauerschnäpper finden keine Höhlen, da sie bereits besetzt sind. Wo möglich, bringe man noch Nistkästen an sonniger Stelle an.
Vom Specht beschädigte Nistkästen sollten Sie umgehend mit Draht oder Blech reparieren. Erste behutsame Zwischenkontrolle der Nistkästen!

Eichhörnchen können Vogelbruten stören oder gar zerstören (oben). Ein vom Specht beschädigter Nistkasten wurde repariert (unten).

Junge Vogelschützer binden unter Anleitung eine Nisttasche als Brutplatz für Rotkehlchen, Amsel und Zaunkönig.

Juli

Jetzt sind überall im Garten Jungvögel unterwegs. Deshalb ist Ihre Anwesenheit im Garten notwendig, denn die bettelnden Jungen locken Feinde an.
Wichtig: Zwischenkontrolle der Nistkästen in der Jungvogelzeit! Nester mit unbefruchteten Eiern, ausgefressenen Eiern oder toten Jungvögeln entfernen. Führen Sie ein Tagebuch, welche Arten wo im Garten brüten, auch die Jungenzahl vermerken. Wie ist die Witterung? Was geschieht im Umland? Vogelfütterung mäßig fortsetzen.

Weichfutter für Insektenverzehrer nicht vergessen, Knödel sind immer gut.

August

Die ersten Baum- und Heckenfrüchte reifen. Wir entnehmen unserem Garten etwa ein Drittel reifer Früchte und Beeren über den Herbst hinweg. Die geernteten Samen werden an der Luft getrocknet und oft gewendet, um Schimmel zu vermeiden. Hagebutten und andere harte Beeren werden später geschrotet und dem Körnerfutter beigemischt; auch Spatzen erfreuen sich an Wintertagen an diesem Futter. Die ersten Halsbandschnäpper verlassen das Brutgebiet Richtung Afrika.

September

Dorn- und Gartengrasmücken verlassen das Brutgebiet, Grau- und Trauerschnäpper folgen. Stare erscheinen in großen Flügen in Weingärten; abends bieten sie in ihren städtischen Schlafgebieten imposante Flugspiele wolkengleich am Abendhimmel! Wacholderdrosseln sind in kleinen Trupps unterwegs und suchen auf den Wiesen Nahrung. Im Garten erscheinen durchziehende Grasmücken und Laubsänger – man achte auf die arttypischen Zugrufe! Beerennahrung in der Hecke ist ihnen willkommen.

Oktober

Ein arbeitsreicher Monat! Die Nistkästen müssen gründlich gereinigt werden; Beobachtungen im Tagebuch notieren, auch den

Zustand der Höhlen. Wo erforderlich, Nistkästen reparieren. Ist ein Standortwechsel des Kastens angezeigt?
Es ist noch Vogelzug, vor allem aus nordischen und östlichen Brutgebieten. Nachts hört man ziehende Singdrosseln. Die ersten Rotdrosseln aus Skandinavien treffen in kleinen Trupps ein, sie ernten Heckenbeeren.

November

Nun fliegen auch Misteldrosseln, Bachstelzen und Hausrotschwänze in die Wintergebiete in Süd- und Westeuropa, einige Hausrotschwänze bleiben in milden Wintern im Brutgebiet (siehe Seite 37).
Ab jetzt die Vogelfütterung wieder intensivieren! Fettfutter verstärkt anbieten. Vogelbad und Tränke säubern und vor Frost schützen, zudecken.

Dezember

Die meisten Buchfinken-Weibchen haben das Brutgebiet Richtung Südeuropa verlassen. Die ersten Tannenhäher streichen umher, es sind Vögel aus den Alpen, aber auch aus Skandinavien und aus östlichen Gebieten. Bucheckern, Nüsse, Eicheln und Koniferensamen sind willkommen. Rotdrosseln und Seidenschwänze sind in kleinen Flügen unterwegs; zum Futterhaus kommen sie selten, meistens halten sie sich in Obstbäumen und Beerensträuchern auf.
Tragen Sie Ihre Beobachtungen an der Fütterung in das Tagebuch ein: Welche Arten kommen, was fressen sie, sind es Durchzügler, Irrgäste oder Standvögel? Verwenden Sie nur einwandfreies, sauberes Futter. Mischen Sie die gesammelten Herbstbeeren und Früchte unter. Nun ist die beste Zeit, Nistkästen zu bauen oder alte, beschädigte Kästen zu reparieren. An geeigneter Stelle können Sie jetzt eine Korb-Nistunterlage für die Waldohreule anbringen.

1 Seidenschwanz *(Bombycilla garrulus)*
2 Bergfink *(Fringilla montifringilla)*
3 Rotdrossel *(Turdus iliacus)*

BAUANLEITUNGEN FÜR VOGELHÄUSCHEN

»Das ist aller Gastfreundschaft tiefster Sinn, dass der eine dem anderen Rast gebe auf dem Wege nach dem ewigen Zuhause.« (Romano Guardini)

»Handwerkern« für die Gefiederten

Die Natur zeigt uns, dass das ökologische Gleichgewicht gestört ist. Und daran tragen wir eine Mitschuld. Als Vogelfreund sollten wir uns mit Herz und Seele als Hüter und Anwalt der Mitgeschöpfe verstehen und uns nicht darin beirren lassen.

Es ist so einfach und ohne finanziellen Aufwand möglich, überall, sogar auf dem Balkon oder auf dem Hausdach, Mini-Ökonischen zu gestalten. Die Natur wird es uns mit bunter Lebendigkeit danken! Was Sie tun können, habe ich bereits in den vorherigen Kapiteln genannt. Ich meine damit das Aufhängen von Nistkästen und anderen Nisthilfen, das Aufstellen von Fütterungen sowie deren Pflege. Im Fachhandel gibt es für alles viele gute Modelle zu kaufen. Doch selbst Hand anzulegen macht mehr Spaß.

Deshalb finden Sie ab Seite 112 mehrere Vorschläge für den Bau von Nistkästen und ab Seite 120 für Futterhäuschen.

Nistkästen bauen

Der Fantasie sind beim Selberbau eines Nistkastens keine Grenzen gesetzt. Es gibt lange Höhlen mit mehreren Einfluglöchern, kugelige Höhlen und Kästen mit Marderschutz, Spezialkästen für bestimmte Vogelarten sowie kleine und große Brut- und Schlafhöhlen. Die Bauweise kann schlicht und einfach sein oder sie kann kitschigen Schnickschnack enthalten, wobei sich durch grelles Farbenspiel wohl der Erbauer selbst eine Freude bereitet. Die schönste Nisthöhle aber ist und bleibt die Naturhöhle aus einem ausgehöhlten Baumstamm.
Genau betrachtet, zwingen wir mit Maßband und Lineal der Natur unseren Willen auf! Dem selbst gebauten Nistkasten verpassen wir eine akkurate Hausform – Spitzdach oder Bungalow –, und wir legen zentimetergenau fest, wie viel Platz dem Kastenbewohner zur Verfügung zu stehen hat, obwohl uns die Natur anderes lehrt.

> **WELCHE VOGELART?**
> Mit der Größe des Einflugslochs bestimmen wir, welche Vogelart einen Nistkasten beziehen kann.
> 32 mm Ø: für die meisten Meisen
> 27–28 mm Ø: für die kleine Blaumeise
> 50 mm Ø: für Vögel von Starengröße
> 80 mm Ø: für die Hohltaube
> 150 mm Ø: für größere Arten, zum Beispiel Waldkauz
> Für Mauerseglerhöhlen genügt ein länglicher Einflug von 32 × 70 mm.

Dennoch sollen in diesem Buch einige Nistkastentypen und Systeme kurz Erwähnung finden, denn geeignete Bretter zum Selberbauen eines Nistkastens sind bequemer zu ergattern als ein hohler Baumstamm.

Großraum-Nistkästen für Höhlenbrüter

Den höhlenbrütenden Vögeln, insbesondere den Meisen, sollten wir geräumige Brutplätze anbieten, das ist fortschrittlich im Sinn eines optimalen Vogelschutzes. Langzeitbeobachtungen führten zu der Erkenntnis, dass die Vögel im Großraum-Nistkasten mit seiner Bodenfläche von 14 × 19 cm in der Regel im hinteren Teil der Höhle brüten. Nestmulde und Jungvögel bleiben während der sommerlichen Regenperioden trocken, denn die fütternden, nassen Altvögel stehen nicht über dem Nest wie im kleinen Kasten, sondern seitlich davon.

In einem Versuchsrevier betrugen die Verluste bei den Meisen in herkömmlichen Nistkästen der üblichen Größe 14 × 14 cm Bodenfläche, während tagelanger Regenzeiten im April und Mai mehrere Jahre hintereinander 60 Prozent. Die unbefiederten Jungvögel starben an Unterkühlung bei Temperaturschwankungen von Tag und Nacht. Die Umstellung auf Großraum-Nistkästen änderte die Situation in positiver Richtung. Die Hersteller von Nistkästen haben sich darauf eingestellt.

Mardersicherheit: Dies ist ein weiteres Plus der Großraum-Nistkästen, selbst wenn der Kasten keinen zusätzlichen Vorbau am Flugloch aufweist. Die heranwachsenden Jungvögel haben viel Platz in der Höhle und drängen nicht ständig zum Flugloch. So fällt es Marder und Katze schwer, ein Junges herauszuangeln; eine hundertprozentige Sicherheit gibt es jedoch nicht – in der Natur geht es rau und kompromisslos zu. Um das Herausangeln der Jungvögel durch das Einflugloch zu verhindern, sollten Sie daher bei Nistkästen mit kleinerer Grundfläche als 14 × 19 cm am Flugloch des Nistkastens einen Marderschutz in Form einer kleinen Röhre oder eines Holzvorsatzes anbauen. Das erübrigt sich – wie bereits erwähnt – beim Großraum-Nistkasten. Als besonderen Marderschutz bauen Sie in Schleiereulen- und Steinkauzkästen eine zweite Vorderwand etwa 10 cm hinter der ersten mit einem versetzten Einflugloch.

Beim Bau beachten

- Bei jedem Nistkasten sollten Dach und Boden leicht zu öffnen sein, damit Sie ihn kontrollieren und reinigen können. Das seitliche Wegschieben beider hat sich in der Praxis gut bewährt.
- Die Innenseiten der Bretter des Nistkastens sollten nicht glatt gehobelt, sondern rau sein, damit die Jungvögel leichter herausklettern können.
- Verwenden Sie für die künstlichen Höhlen kein Imprägniermittel; das Holz soll möglichst bald eine tarnende Naturtönung annehmen.

ABWEHRMASSNAHMEN

Als weniger nützlich haben sich Katzenabwehrgürtel aus Drahtgeflecht oder Reisig erwiesen. Sie erfüllen ihren Zweck, Vogelbruten im Baum zu schützen, nur dann, wenn der Baum völlig frei steht, denn Marder und Eichhörnchen springen viele Meter von Baum zu Baum und sind äußerst gewandt bei der Nahrungssuche. Katzenabwehrgürtel oder Blechmanschetten also nur an frei stehenden Bäumen installieren! Sie sind Gefahrenquellen für den Vogelfreund, Verletzungsgefahr! Zudem sind sie hässliche Gebilde im Garten.

Hinweis: Lassen Sie sich nicht entmutigen, wenn Nistkästen von den Vögeln nicht sofort als Brutplatz genutzt werden. Auf »Neues« in ihrem angestammten Revier reagieren Vögel oft wunderlich. Kohlmeisen etwa haben ein für uns unbegreifliches Gespür für Nistplätze. So befanden sich in der Umgebung einer Waldhütte mehrere Nistkästen verschiedener Fabrikate in unterschiedlicher Höhe, doch sie wurden von einem Kohlmeisen-Paar jahrelang gemieden. Die Meisen beflogen zwar alle Nistkästen, vermutlich auf der Suche nach Insekten, brüteten aber in einem engen Hohlraum hinter der hölzernen Hüttenwand, wo Regen das Nest erreichte. Ähnliche Beobachtungen machten Vogelfreunde in einer Kleingartenkolonie. Dort zogen Kohlmeisen ihre Jungen nicht in den angebotenen Nistkästen, sondern in einer alten Gießkanne und in einem Belüftungsrohr auf. Man kennt auch Bruten in Briefkästen und anderen unsicheren Gegenständen.

Nisttaschen

Amsel, Singdrossel, Zaunkönig, Rotkehlchen und Grünling lassen sich in einem gebüscharmen Garten oder im unterholzarmen Wald mit Nisttaschen und Nistbüscheln aus Fichtenreisig ansiedeln (siehe Abbildung Seite 40). Dafür verwenden Sie frisch geschnittene, etwa 1 m lange Birkenruten, die Sie zu einem Büschel zusammenlegen. Die Ruten lassen sich leicht biegen. Das Büschel befestigen Sie mit Draht wie abgebildet am Baumstamm. Den herabhängenden Teil des Büschels biegen Sie nach oben und befestigen ihn so am Stamm, dass zwischen Baum und Ruten eine Tasche entsteht. Die offenen Seiten der Nisttasche verblenden Sie dann mit Fichtenzweigen. Diese Nisthilfe sollten Sie ca. 1,70 m vom Boden aus anbringen. Aufgesetzte Reisighaufen in etwa zehn Meter Entfernung zur Nisthilfe dienen als Schutzreisig vor Flugfeinden und später den Jungvögeln als der erste, sichere Platz nach dem Ausfliegen.

Nistrinden für Baumläufer (siehe Abbildung Seite 41 oben) befestigen Sie etwa 1,70 m hoch an raurindigen Bäumen mit einem Draht. Als Boden und Dach verwendet man kleine Rindenstückchen.

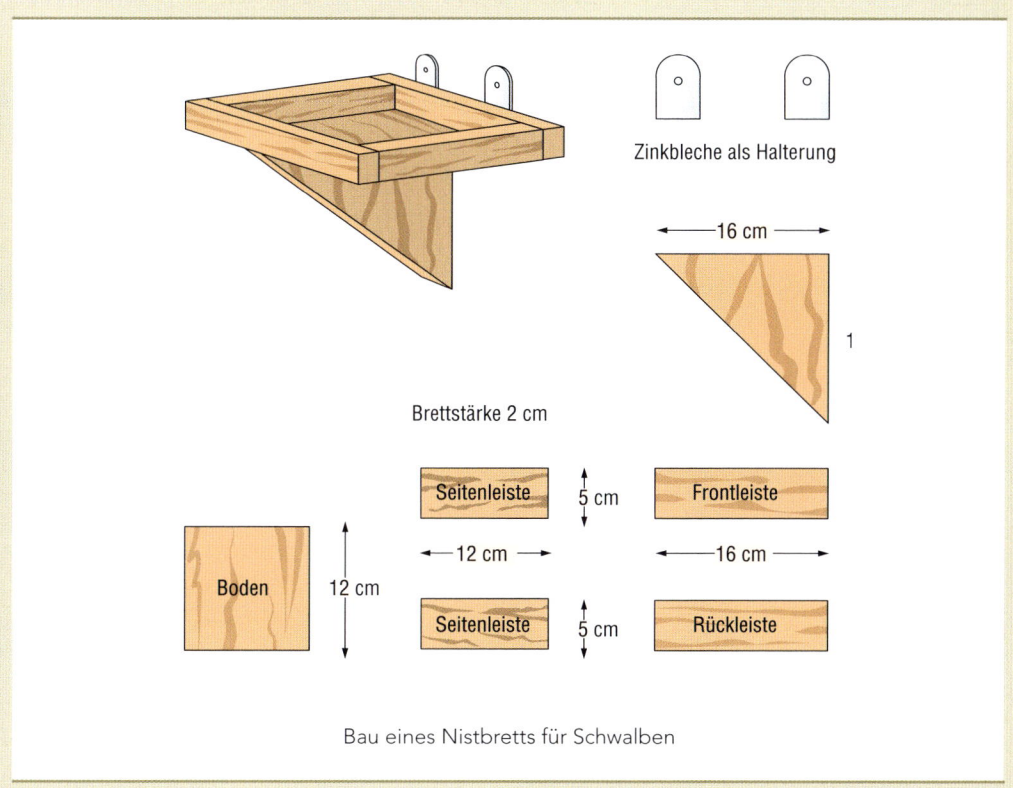

Bau eines Nistbretts für Schwalben

Schwalbennester

Geschickte Bastler formen Kunstnester aus einer Mischung aus Zement, Blähton (erhältlich im Baumarkt oder in einem Gartencenter) und wenig feinem Sägemehl. Die erhärteten, getrockneten Kunstnester schrauben Sie dann auf Brettchen (Bauanleitung siehe oben) und bringen sie für Rauchschwalben an der inneren Hauswand unter der Decke, für Mehlschwalben an der Außenwand unter dem Dachvorsprung an.
Etwa 20 bis 30 cm unterhalb der Nester verhindert ein ca. 20 cm breites Brett, dass Kot die Hauswand beschmutzt.

Meisen-Nistkasten mit Marderschutz

Beutegreifer, insbesondere Marder, versuchen immer wieder, an Eier oder Jungvögel zu gelangen, indem sie durch das Flugloch greifen. Schon aus diesem Grund sollte es nicht größer als nötig sein. Die passende Größe lesen Sie im Kasten auf Seite 108. Ein sicherer Marderschutz ist ein kleiner Vorbau an der Vorderseite, da der Marder nicht ums Eck greifen kann.

Sie benötigen

- Bretter, 20 mm stark und ungehobelt; rau vor allem die Innenseite des Nistkastens, damit Jungvögel leichter herausklettern können
- Handsäge
- Hammer
- Beißzange
- Zollstock, Winkelmaß
- Handbohrer und Hand-Bohrmaschine mit verschieden starken Bohreinsätzen (32 mm für das Flugloch für größere Meisen, 27–28 mm für Blaumeisen)
- Holzschrauben; sie sollten in der Länge das Doppelte der Brettstärke haben (also z. B. 3,5 × 40 mm)
- Schraubenzieher, verschiedene Größen
- Haken und Ösen zur Sicherung der Vorderklappe und gegebenenfalls für die Aufhängung
- Teer- bzw. Dachpappe als Abdeckung und Witterungsschutz
- Breitkopfnägel, etwa 10 mm lang, zum Aufnageln der Dachpappe
- Feinblech, 1,5 mm oder 2 mm (mit Löchern zum Festnageln), wenn Stabilisierung des Einflugloches gewünscht ist
- Nägel, etwa 15 mm lang, zum Aufnageln des Blechs

Zwei Tage alte Kohlmeisen in einem Großraum-Nistkasten, das Flugloch befindet sich links im Bild. Trockenheit ist gewährleistet.

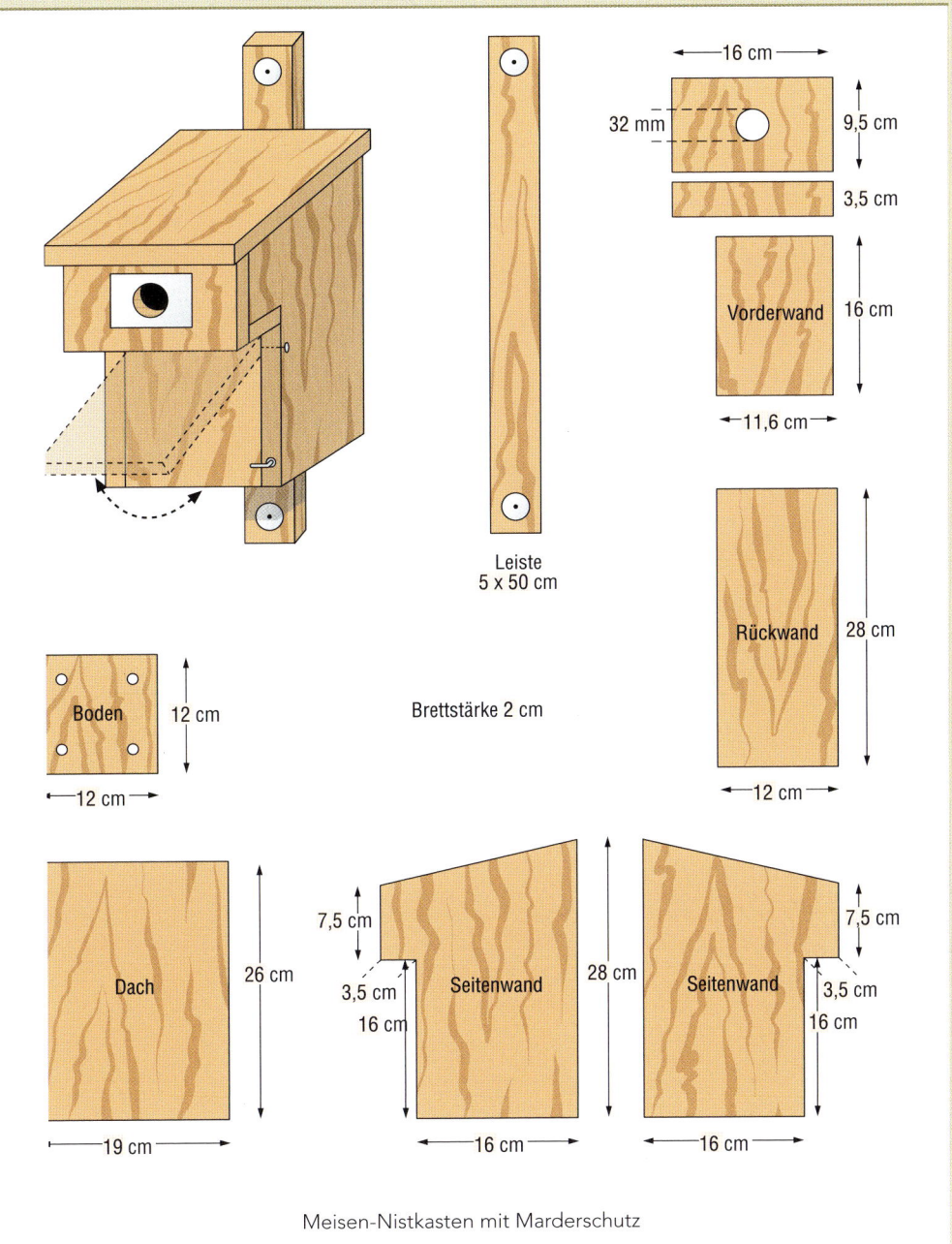

Meisen-Nistkasten mit Marderschutz

Nistkasten für Nischenbrüter

Man hat festgestellt, dass der Gartenrotschwanz als »Vollhöhlenbrüter« diesen Typ bevorzugt annimmt, vermutlich, weil durch das Doppel an Fluglöchern mehr Licht in das Innere gelangt. Deshalb wohl baut der Gartenrotschwanz sein Nest auch in Halbhöhlen! Ansonsten gehören zu den Bewohnern des Kastens mit 2 Fluglöchern alle Meisenarten, Bachstelze und Gebirgsstelze. Die Rampe im Kasten ist als Marder- und Katzenschutz gedacht. Befindet sich das Nest im hinteren Teil des Kastens, so ist es den Genannten nicht möglich, mit ihren Pfoten an die Eier oder Jungvögel zu kommen.

Die Reinigung dieses Kastentyps ist wegen der Rampe nicht ganz einfach, mit einem Spachtel oder gebogenen Löffel allerdings auch kein größeres Problem. Spezialwerkzeuge, wie sie im Handel angeboten werden, dürften im Normalfall überflüssig sein.

Sie benötigen

- Bretter, 20 mm stark und ungehobelt; rau vor allem die Innenseite des Nistkastens, damit Jungvögel leichter herausklettern können
- Handsäge
- Hammer
- Beißzange
- Zollstock, Winkelmaß
- Handbohrer und Hand-Bohrmaschine mit verschieden starken Bohreinsätzen
- Holzschrauben; sie sollten in der Länge das Doppelte der Brettstärke haben (also z. B. 3,5 × 40 mm)
- Schraubenzieher, verschiedene Größen
- gegebenenfalls Haken und Ösen für die Aufhängung, verschiedene Größen
- Teer- bzw. Dachpappe als Abdeckung und Witterungsschutz
- Breitkopfnägel, etwa 10 mm lang, zum Aufnageln der Dachpappe

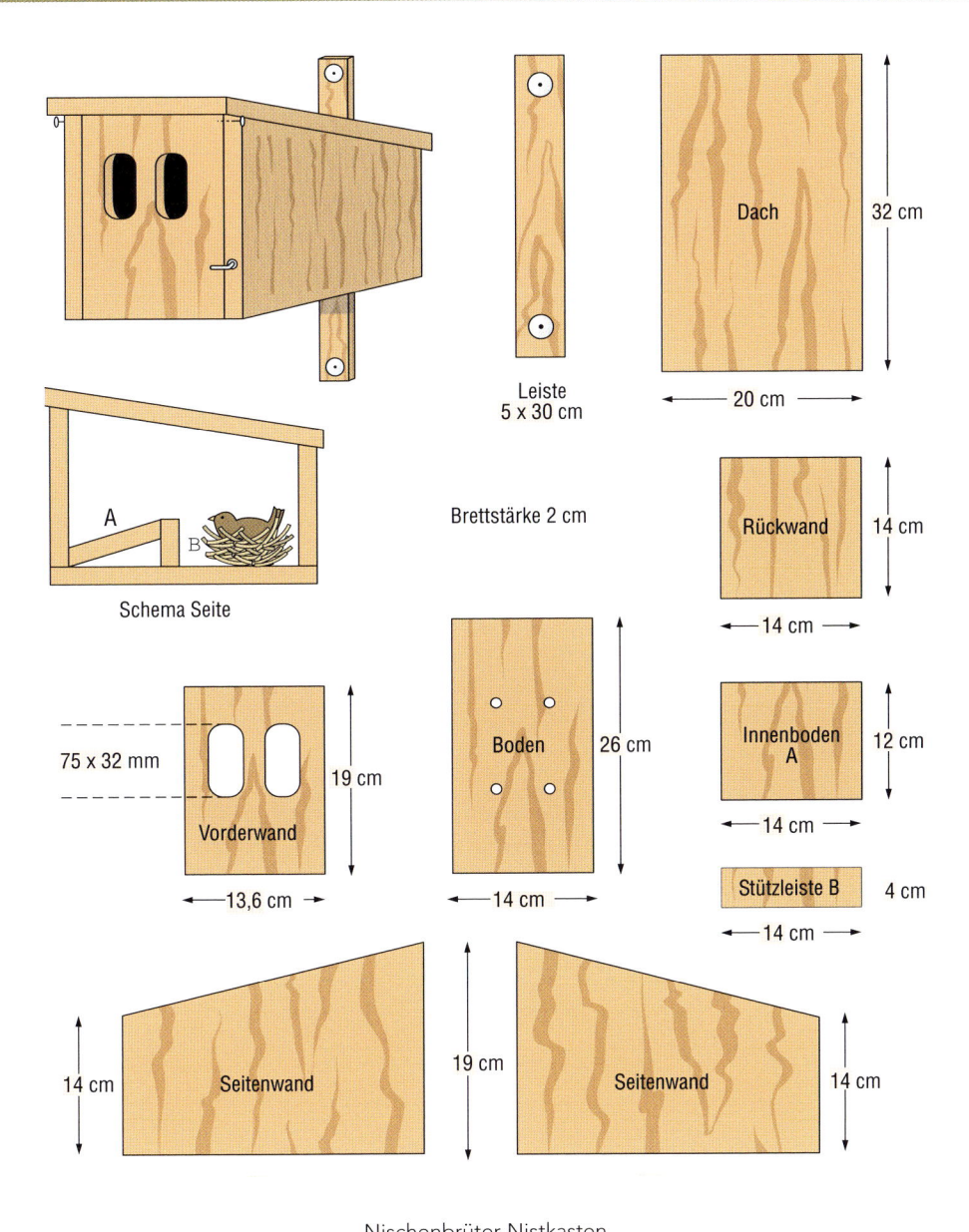

Baumläufer-Nistkasten

Garten- und Waldbaumläufer sind Höhlen- und Nischenbrüter, die bevorzugt hinter abstehender Baumrinde, in Baumspalten oder hinter den Schindeln und Brettern von Waldhütten ihre Reisignester bauen. Der »klassische« Nistkasten besitzt deshalb keine Rückwand, sondern der Baumstamm schließt den Innenraum nach hinten ab. Boden und Dach werden entsprechend der Wölbung des Baumstammes ausgesägt, sodass an der Seite kein durchgehender Spalt entsteht und der Kasten stabil hängt. Als Aufhängung genügt ein Draht, der locker um den Baum herum liegt. Befestigung ist aber auch mit zwei Alu-Nägeln seitlich (Öse) möglich. Als Zugang für Nistkastenbewohner werden die Seitenwände halboval ausgesägt, sodass die Vögel zwischen Baum und Kasten einschlüpfen können, wie es ihren natürlichen Bedürfnissen entspricht. Auch Blaumeise und Sumpfmeise findet man manchmal in einem Baumläuferkasten.

Man kann Baumläufern aber auch eine einfachere Konstruktion anbieten: Gewölbte Rinden bindet man ca. 1,70 m über dem Boden an einen raurindigen Baum und befestigt als Boden im unteren Teil der Rinde ein Klötzchen. Den seitlichen Einflugschlitz nicht vergessen!

Sie benötigen:

- ungehobelte Bretter mit 20 mm Stärke; vor allem die Innenseite des Nistkastens sollte rau sein, damit die Jungvögel leichter herausklettern können
- Handsäge, Hammer, Beißzange, Zollstock, Winkelmaß, Schraubenzieher in verschiedenen Größen
- Handbohrer und Hand-Bohrmaschine mit verschieden starken Bohreinsätzen
- Holzschrauben; sie sollten in der Länge das Doppelte der Brettstärke haben
- Haken und Ösen in verschiedenen Größen zur Sicherung der Vorderklappe und für die Aufhängung
- Teer- bzw. Dachpappe als Abdeckung und Witterungsschutz
- Breitkopfnägel, etwa 10 mm lang, zum Aufnageln der Dachpappe
- Drahtbügel zur Befestigung um den Stamm

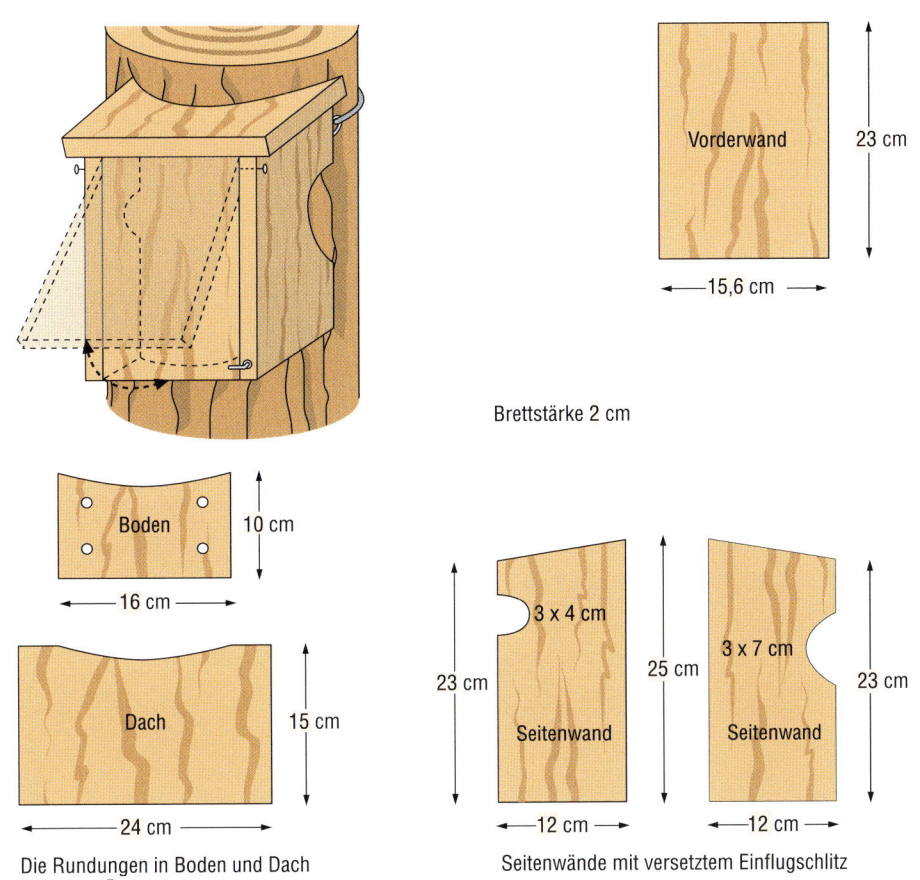

Baumläufer-Nistkasten

Mauersegler-Nistkasten

Genau genommen brütet der Mauersegler als anspruchsloser Vogel überall, wenn die Höhlen hoch genug sind und einen freien Anflug ermöglichen. Nachdem man aber durch langjährige Versuche herausfinden konnte, dass Mauersegler bevorzugt solche Höhlen aufsuchen, deren Einflugloch breit (waagrecht-oval) ist, bot man ihnen solche Kästen an – mit Erfolg! Selten wird dieser Kastentyp auch von Haussperling oder Fledermäusen benutzt.

Sie benötigen:
- ungehobelte Bretter; rau sollte vor allem die Innenseite des Nistkastens sein, damit Jungvögel leichter herausklettern können
- Handsäge, Hammer, Beißzange
- Zollstock, Winkelmaß
- Handbohrer und Hand-Bohrmaschine
- Holzschrauben, die doppelt so lang sind wie die Brettstärke
- Schraubenzieher in verschiedenen Größen
- Haken und Ösen zur Sicherung der Vorderklappe und gegebenenfalls für die Aufhängung
- Teer- bzw. Dachpappe als Abdeckung und Witterungsschutz
- Breitkopfnägel, etwa 10 mm lang, zum Aufnageln der Dachpappe

Dach- und Mauerspalten sind des Mauerseglers Brutplatz. Da die Häuser immer besser gedämmt werden, sind Nistkästen eine Option.

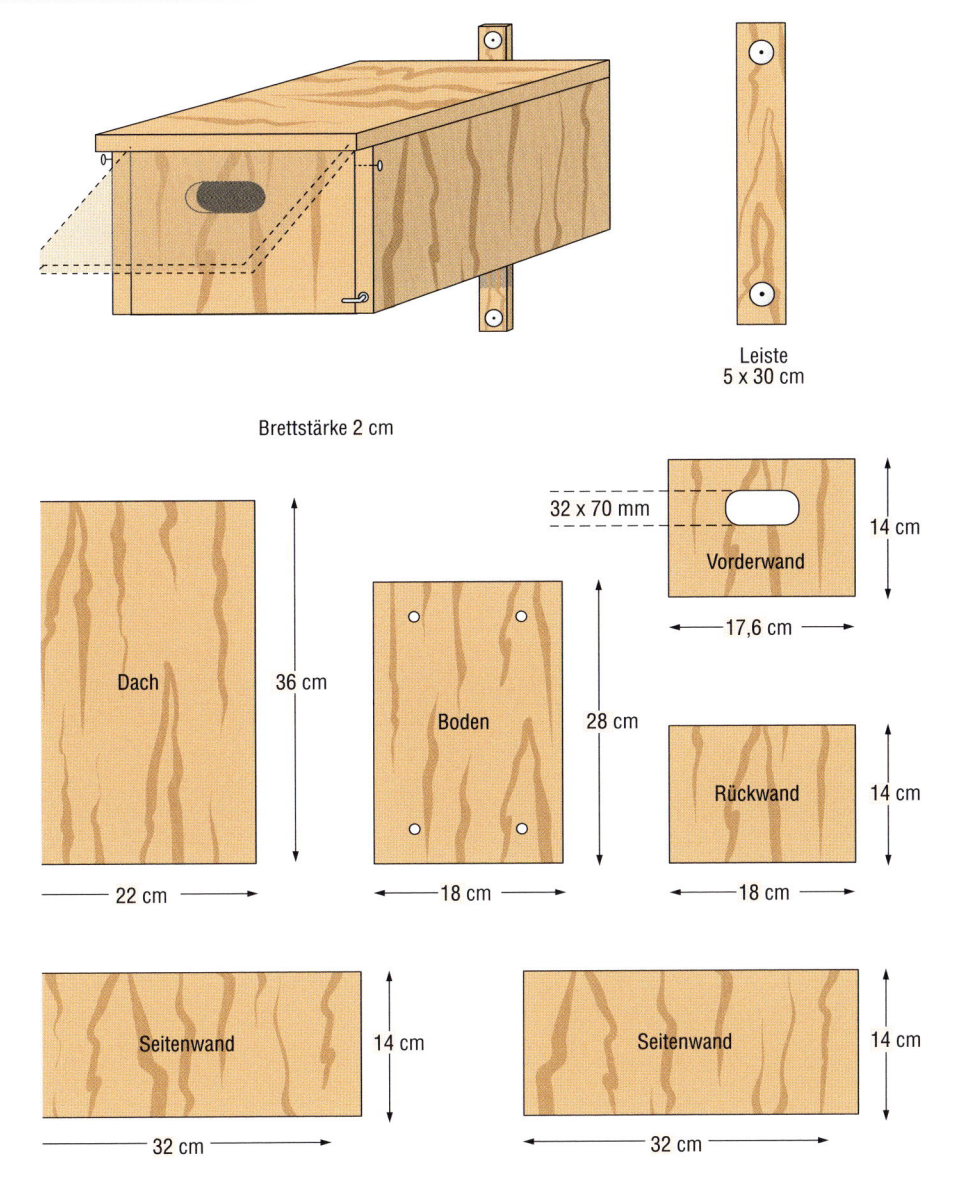

Kleines Hessisches Futterhaus

Zum Eigenbau kann man alle Holzarten verwenden. Ist das Dachgestell (Nr. 1+2) zusammengefügt – genagelt oder verschraubt –, setzt man Glasscheiben ein; Sicherheitsglas hat sich bewährt. Einfacher und billiger ist die Verwendung von durchsichtiger, stabiler Folie, die man je nach Lichtdurchlässigkeit auch doppelt spannen kann. Bei Zerstörung ist sie ohne Probleme zu ersetzen – und den Wind hält auch sie von der Futterfläche ab.

Beim Zusammenbau des Daches ist darauf zu achten, dass die Dachdreiecke abgeschrägt zusammengefügt werden. Auf das fertige Dach nagelt man Dachpappe. Wichtig ist, dass das Dach abnehmbar ist, um das Futterbrett jederzeit reinigen und um Futter aufstreuen zu können. Werden Haltebleche verwendet, sollten diese rostfrei sein.

Eine Imprägnierung des Futterhauses ist gründlich zu überlegen und bezüglich der Mittel sollte der Rat eines Fachmannes eingeholt werden.

Von diesem Futterhaus ist über den Fachhandel auch eine Silo-Version erhältlich.

Sie benötigen
- Bretter, 20 mm stark
- Leisten, 40 mm stark
- Handsäge
- Hammer
- Beißzange
- Zollstock, Winkelmaß
- Handbohrer und Hand-Bohrmaschine mit verschieden starken Bohreinsätzen
- Holzschrauben; sie sollten in der Länge das Doppelte der Brettstärke haben
- Schraubenzieher, verschiedene Größen
- Teer- bzw. Dachpappe als Abdeckung und Witterungsschutz
- Breitkopfnägel, etwa 10 mm lang, zum Aufnageln der Dachpappe
- Sicherheitsglas oder durchsichtige, stabile Folie
- gegebenenfalls Haltebleche

Viel gebaut und bewährt, das Kleine Hessische Futterhaus. Das Streufutter ist schnee-, regen- und windgeschützt nur für Kleinvögel erreichbar.

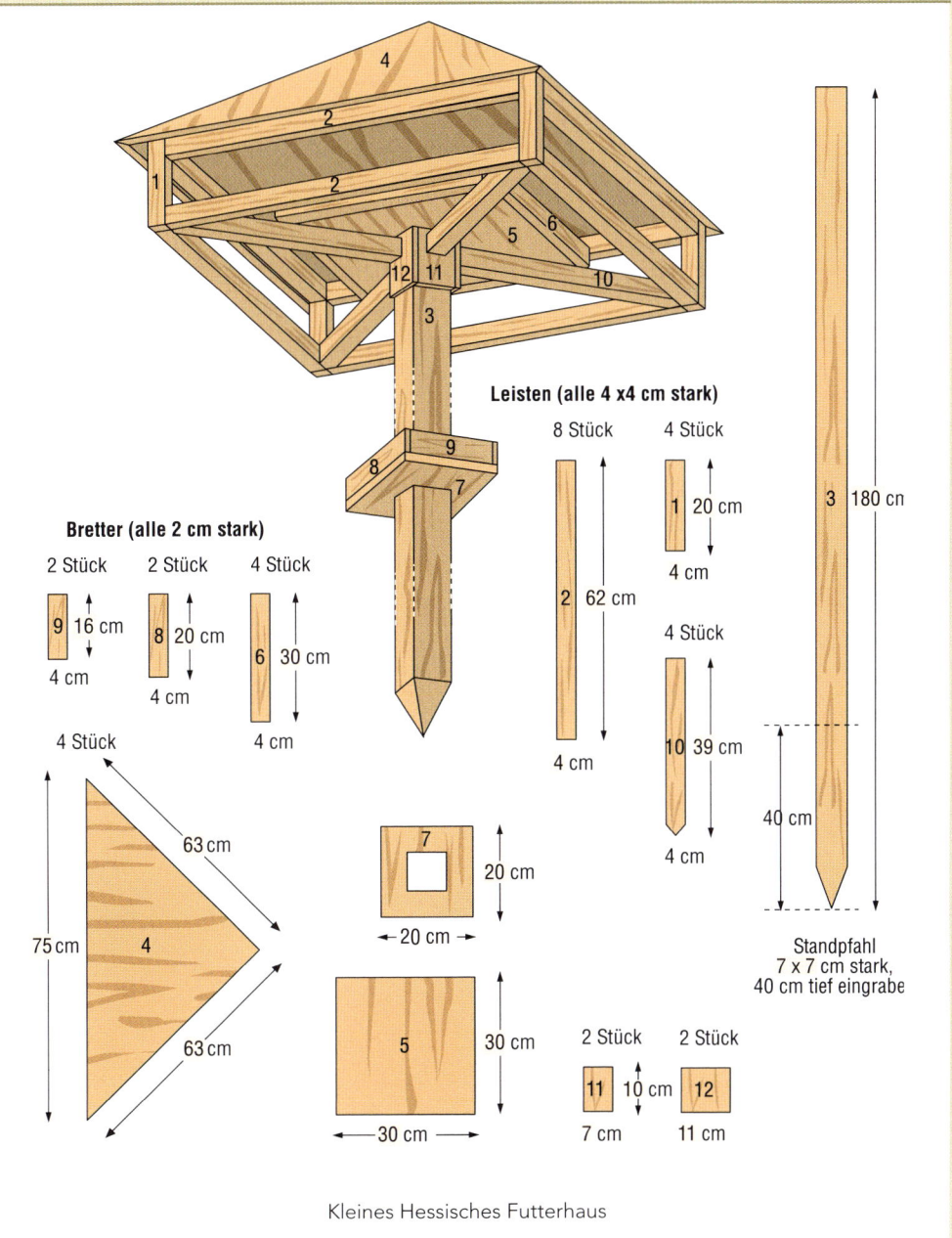

Kleines Hessisches Futterhaus

Holz-Futtersilo

Der Bauplan wirkt zunächst kompliziert. Wenn man jedoch die Einzelteile aus einem 15 mm dicken Brett gesägt hat, bereitet das Zusammenbauen keinerlei Schwierigkeiten.

Verwenden kann man jede Holzart, doch garantiert Hartholz eine längere Haltbarkeit; gehobelt sollte das Brett sein. Die Größenausführung kann nach eigenem Ermessen abgewandelt werden.

Die ausgesägten Einzelteile nummeriert man mit einem Bleistift nach der vorgegebenen Zeichnung des kompletten Silos; das erleichtert das Zusammensetzen. Um das Durchnässen des Bodenbrettchens (6) zu verhindern, nagelt man dieses ca. 1 cm erhöht an die Außenwände (1+2).

Die beiden Schnittflächen der Rückwand (8) und jene vom Rutschbrettchen (9) schrägt man ab. Beim Einbau des Rutschbrettchens (9) im Silo achtet man darauf, dass die Unterkante vom Boden (6) und von der Rückwand (8) einen Abstand von ca. 20 mm hat. Man richtet den Vorderrand des Bodenbrettchens (6) so ein, dass ein etwa 25 mm breiter Spalt für die Aufnahme des Futters entsteht; so rutschen auch größere Körner hindurch. Das Sitzbrettchen (7) nagelt man so auf das Bodenbrettchen, dass die Oberkante etwa 6 mm höher ist als die untere Rutschbrettkante.

Das Dach (5) wird mit zwei Scharnieren an der Hinterwand (3) befestigt, sodass man es zum Befüllen des Silos aufklappen kann, und an der Vorderseite (4) mit einem Haken gesichert. Nicht bei Regen oder Schneefall füllen (Zusammenkleben der Futterkörner). Mittels einer Halteleiste (10, darauf achten, dass sich das Dach öffnen lässt!) kann man das Silo an einem Baum oder an einer Hauswand anbringen, hoch genug, für Katze und Marder unerreichbar.

Auch das frei schwebende Silo hat sich in der Praxis bewährt. In diesem Fall bringt man als Aufhängevorrichtung in gleicher Höhe an den Außenwänden (1+2) je 2 Ringschrauben an, die nebeneinander mit einem Abstand von ca. 3 cm eingeschraubt werden. Dadurch wird das Abkippen des Silos rück- oder vorwärts vermieden.

Sie benötigen
- Bretter, gehobelt
- Handsäge
- Hammer, Beißzange
- Zollstock, Winkelmaß
- Handbohrer und Hand-Bohrmaschine
- Holzschrauben; sie sollten in der Länge das Doppelte der Brettstärke haben
- Schraubenzieher, verschiedene Größen
- Teer- bzw. Dachpappe als Abdeckung und Witterungsschutz
- Breitkopfnägel, etwa 10 mm lang, zum Aufnageln der Dachpappe
- 2 Scharniere, Haken und Ösen, bei Bedarf 4 Ringschrauben

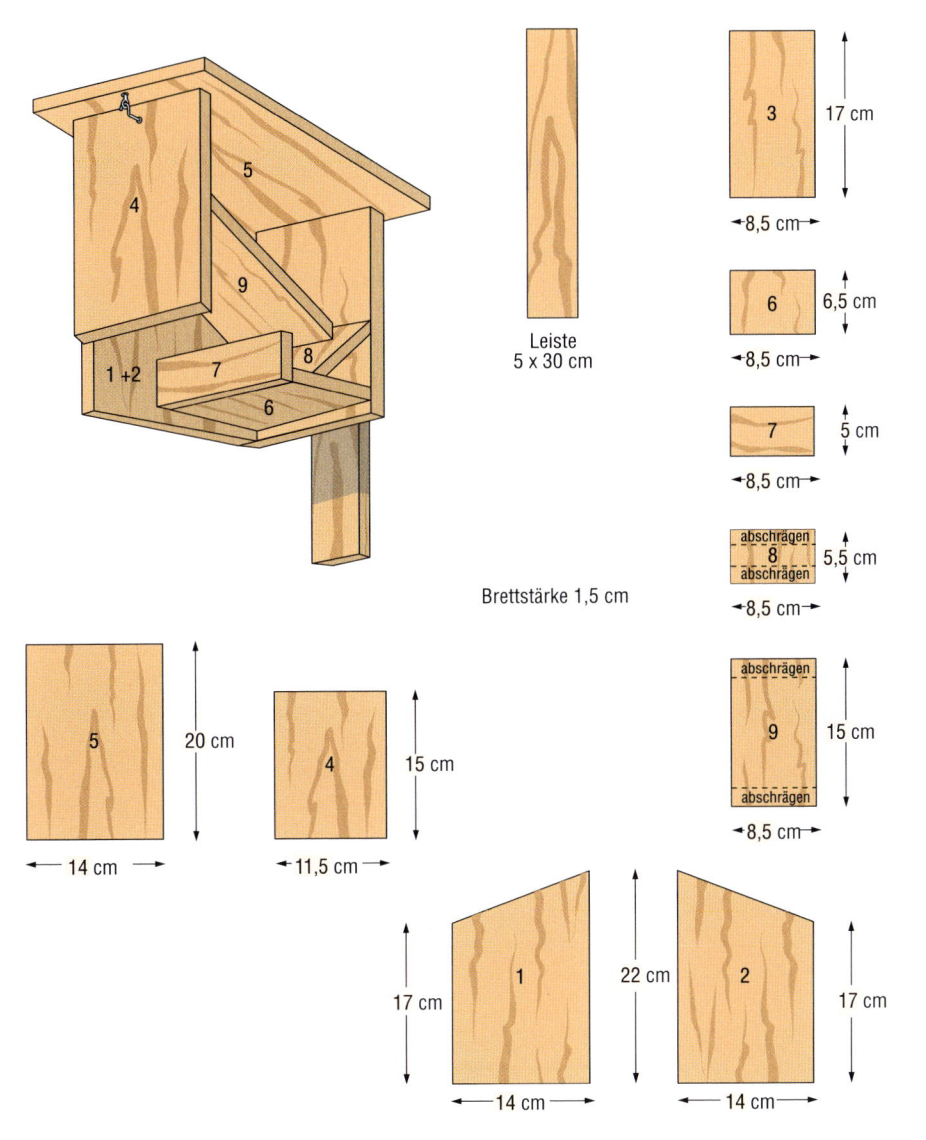

Holz-Futtersilo

Stichwortverzeichnis

Fett gesetzte Seitenzahlen verweisen auf ein Foto

Abwehrmaßnahmen 110
Accipiter gentilis 98
Accipiter nisus 98
Aegithalos caudatus 56
Ammern **90**
Ammerschütte 89–91, **89**
Amsel 50, **50**, **51**, 54, **75**, **94**, 102
Apus apus 60
Asio otus 66
Athene noctua 68

Bachstelze 26, 37, **38**
Backofennest **57**
Baden 87–88
Bauanleitungen
– Baumläufer-Nistkasten 116, **117**
– Fledermauskasten 63
– Holz-Futtersilo 122, **123**
– Kleines Hessisches Futterhaus 120, **121**
– Mauersegler-Nistkasten 118, **119**
– Meisen-Nistkasten mit Marderschutz 112, **113**
– Nischenbrüter-Nistkasten 114, **115**
– Nistbrettchen für Schwalben 111
Baumläufer 27, 39
–, Nisthilfen für 41
Bergfink 105
Beutegreifer 92–93
Bilche 65, **65**
Blaumeise 14, **19**, 20, 26
-Nest **81**
Brut, erfolgreiche 84
Brutdaten
– der Freibrüter 54
– der Halbhöhlenbrüter 26
– der Höhlenbrüter 26
– der Spechte 32
Bubo bubo 72
Buchfink 14, 27, **42**, 48, **49**, 54
-Nest **55**
Buntspecht 28, **28**, 29, 32, **33**, 83
Buteo buteo 98

Carduelis cannabina 46
Carduelis carduelis 48
Carduelis chloris 46
Carduelis spinus 50
Certhia brachydactyla 39
Certhia familiaris 39
Chemische Keule 12, 36, 70
Chloris chloris 46
Coccothraustes coccothraustes 47
Corvus corone 93
Cyanistes caeruleus 20

Darmerkrankung bei Vögeln 83
Delichon urbica 58
Dendrocopos major 29
Dendrocopos medius 29
Distelfink 49
Dompfaff **42**, 47, **47**
Dorngrasmücke 44, **44**, 54
Drosseln 50–53
Dryobates minor 30
Dryocopus martius 30

Eichelhäher 93
Einflugloch-Größe 108
Elster 93
Erithacus rubecula 34
Erlenzeisig 50, **50**, 54
Eulenschütte 89, 91, **91**

Falco peregrinus 97
Falco tinnunculus 97
Feldhuhn-Fütterung 89
Feldsperling **24**, 25, 26, 89
Ficedula albicollis 25
Ficedula hypoleuca 25
Fitis 57
Fledermäuse 62–63, **62**
–, Nistkasten für 63, **63**
Freibrüter 42–57
-Nest **43**
Fringilla coelebs 48
Futter, falsches 94
Futtersilo **95**
Fütterung 76–80

Garten, vogelgerechter 12–13
Gartenbaumläufer 26, 39–41, **40**
Gartengrasmücke 44, **44**, 54
Gartenrotschwanz 26, 36, **37**
Gefahren 92–101, **103**
Gelbhalsmaus 65, **65**
Gewölle 67, 72, **73**
Gimpel **42**, 47, **47**, 54
-Nest **55**
Girlitz 50, 54
Grasmücken 13, 43–45
Grauschnäpper 26, 37, **37**
Grauspecht 31, **32**, 33
Greifvögel 96–101
– füttern 101, **101**
– schützen 101
Großraum-Nistkasten 109, **109**
Grünfink **42**, 46, 54, **87**
Grünling 46
Grünspecht 31, **31**, 32, **33**

Habicht **73**, 98, **98**
Halbhöhlen-Nistkasten 34, **35**
– mit Schutz **93**
Halbhöhlenbrüter 18, 34–41
Halsbandschnäpper 25, **25**, 26
Hänfling **42**, 46, 54, 89
Haubenmeise **19**, 20, 26
-Nest **81**
Hauskatzen 92, **92**
Hausrotschwanz 26, 36, **37**
Haussperling **24**, **24**, 26, 74, 89
– beim Sandbaden **88**
Hecke 13
Heckenbraunelle 46, 54
Hirundo rustica 58
Höhlenbrüter 18–33

Igel 13, 14, 64
-Kiste 65
Insekten 14, 63, 64, 82
-Nistkasten 64

Jynx torquilla 31

124 ANHANG

Kernbeißer 27, **42**, **47**, **48**, 54
Klappergrasmücke 45, **45**, 54
Kleiber 21–23, **22**, 26, 27, **79**
Kleiberschmiede 22
Kleines Hessisches Futterhaus 77, 120
Kleinspecht 13, 28, 30, **30**, 32, 33
Kohlmeise **11**, 14, 19, **19**, 21, 26, 78
-Nest 82
Kuckuckswirt 34, 43
Kurzstreckenzieher 36

Langstreckenzieher 36
Lesesteinmauer 14
Lophophanes cristatus 20

Mauersegler 60–61, **60**, **61**
Mäusebussard 73, 98, 100
Mehlschwalbe 58, **58**
Meisen 18
Misteldrossel 52, 53, **53**, 54
Mittelspecht 28, 29, **29**, 32, 33
Mönchsgrasmücke **8**, **14**, 42, 43, 54
Motacilla alba 37
Muscicapa striata 37

Nachgelege 34
Napfnest 43
Nester, überdachte 56–57
Nischenbrüter 34–41
Nistkästen 18, 80–84
– bauen 108–109
–, zugeklebter 23
Nistquirl 13
Nistrinde 41, 110
Nisttaschen **17**, **40**, **50**, 110

Parus ater 20
Parus caeruleus 20
Parus cristatus 20
Parus major 19
Parus montanus 21
Parus palustris 20
Passer domesticus 24
Passer montanus 25
Periparus ater 20
Phoenicurus ochruros 36

Phoenicurus phoenicurus 36
Phylloscopus collybita 56
Phylloscopus sibilatrix 57
Phylloscopus trochilus 57
Pica pica 93
Picoides major 29
Picoides medius 29
Picoides minor 30
Picus canus 31
Picus viridis 31
Poecile montanus 21
Poecile palustris 20
Prunella modularis 46
Pyrrhula pyrrhula 42, 47

Rabenkrähe 27, 93
Rauchschwalbe 58, **58**, 59
Ringeln 28, 29
Rotdrossel 102, 105, **105**
Rotkehlchen 26, 34–36, **35**, 86, **86**, 102
–, Nisthilfe für 35
Rupfung 100

Sandbaden 88
Scheibenflug 95
Schlafgemeinschaften 39, 41
Schleiereule 67, **69**, 70–71, **71**, 73
Schmarotzer 93–95
Schnabelformen 27
Schnecken 82
Schutzreisig 38
Schwalben 58–60, 111
Schwanzmeise 54, 56, **56**
Schwarzspecht 30, **30**, 32, 33
Segler 58, 60–61
Seidenschanz 102, 105, **105**
Serinus serinus 50
Singdrossel 51, **52**, 54
Sitta europaea 21
Sommerfütterung 76
Spechte 27, 28–33
Spechtschmiede 28, **29**
Sperber 27, **73**, 98, **99**
Spielnest 25, 38
Spinus spinus 50
Star **16**, 23, 24, 26
Steinkauz 68–70, **68**, **69**, 73
Stieglitz **42**, 48, 49, **49**, 54

Strichvogel 47
Strix aluco 72
Sturnus vulgaris 23
Sumpfmeise 20, **21**, 26
Sylvia atricapilla 43
Sylvia borin 44
Sylvia communis 44
Sylvia curruca 45

Tannenmeise **19**, 20, 26, 27
Teilzieher 34, 49
Tönnchenwegwespe 65, **65**
Trauerschnäpper 25, 26
Troglodytes troglodytes 38
Turdus merula 50
Turdus philomelos 51
Turdus pilaris 53
Turdus viscivorus 53
Turmfalke 67, **73**, **96**, 97
-Gelege **96**
Tyto alba 70

Uhu 72, **73**

Vögel, aufgeplusterte **94**, 102
Vogelbad 85–87, **85**
Vogeltränke 15, **15**, 85, **85**

Wacholderdrossel **42**, 52, 53, **53**, 54
Waldbaumläufer 26, 39–41, **40**
Waldkauz 72, **73**, 90
Waldlaubsänger 57
Waldohreule 66–67, **66**, **69**, 73, 90
–, Ansiedlung der **67**
Wanderfalke **73**, 97
Weidenlaubsänger 56, **56**
Weidenmeise 21, 26
Wendehals 31, **31**, 32, 33
Wintergäste 102, 105
Winterfütterung 76

Zaungrasmücke 45
Zaunkönig 26, 38, **39**
Zilpzalp 27, 54, 56, **56**
Zugvogel 35
Zweitbruten 19
Zwillingsarten 40

Adressen/Literatur

Im Vogelschutz engagierte Vereine

- ALA, Schweizerische Gesellschaft für Vogelkunde und Vogelschutz, Zürich
- Institut für Vogelforschung »Vogelwarte Helgoland«, Wilhelmshaven
- Landesbund für Vogelschutz (LBV), Hilpoltstein
- Naturschutzbund Deutschland (NABU), Bonn
- Österreichische Gesellschaft für Vogelkunde, Wien
- Schweizer Vogelschutz SVS, Zürich
- Schweizerische Vogelwarte, Sempach
- Schweizerisches Landeskomitee für Vogelschutz (SLKV), Bachs
- Staatliche Vogelschutzwarten …
für Bayern: Garmisch-Partenkirchen
für Brandenburg: Potsdam
für Bremen: Bremen
für Hamburg: Hamburg
für Hessen, Rheinland-Pfalz und Saarland: Frankfurt
für Niedersachsen: Hannover
für Nordrhein-Westfalen: Recklinghausen
für Sachsen-Anhalt: Steckby
für Sachsen: Neschwitz
für Schleswig-Holstein: Kiel
für Thüringen: Seebach
- Vogelwarte Hiddensee, Kloster/Hiddensee
- Vogelwarte Radolfzell, Radolfzell

Literatur

BEZZEL, E.: Vögel beobachten. BLV, München, 2002 (nur antiquarisch erhältlich)
BEZZEL, E.: Das BLV Handbuch Vögel. BLV, München, 2019
BEZZEL, E.: Vögel bestimmen in drei Schritten. BLV, München, 2016
DELIN, H. & SVENSSON, L.: Vögel Europas. BLV, München, 2017
GABLER, E.: Vogel- und Futterhäuschen. BLV, München, 2017
HENZE, O.: Kontrollbuch für Vogelnistkästen in Wald und Garten. Selbstverlag, Überlingen, 1982 (nur antiquarisch erhältlich)
LOHMANN, M.: Vogelparadies Garten; mit CD. BLV, München, 2007 (nur antiquarisch erhältlich)
LOHMANN, M.: Vögel am Futterhaus. BLV, München, 2018
LOHMANN, M.: Singvögel; mit CD. BLV, München, 2009
WITT, R.: Der Naturgarten. BLV, München, 2001 (nur antiquarisch erhältlich)

Bezugsquellen

Alle Nistkastentypen sind in Holz- und Holzbetonausführung auch über den Fachhandel oder direkt beim Hersteller zu beziehen.

- Emba Vogelschutzbau
Schnurgasse 17,
74653 Künzelsau
- Karl Grund,
Vogelschutzgeräte
Herzog-Ludwig-Straße 24,
93333 Neustadt/Donau
- Karl Schwegler,
Vogelschutzgeräte
Heinkelstraße 35,
73814 Schorndorf/Württemberg

© 2019 GRÄFE UND UNZER VERLAG GmbH, München.

Alle Rechte vorbehalten. Nachdruck, auch auszugsweise, sowie Verbreitung durch Film, Funk, Fernsehen und Internet, durch fotomechanische Wiedergabe, Tonträger und Datenverarbeitungssysteme jeglicher Art nur mit schriftlicher Genehmigung des Verlags.

Projektleitung: Elena Gabler
Lektorat: Angelika Lang
Herstellung: Martina Koralewska
Bildredaktion: Judith Starck
Umschlaggestaltung: BLV Buchverlag, griesbeck design, München
Layout: griesbeck design, München
Satz: Anton Walter, Gundelfingen
Repro: Repro Ludwig, Zell am See
Druck und Bindung: Dimograf

ISBN 978-3-8354-1917-9

1. Auflage 2019

Bildnachweis
Cover (U1): Arco Images/D. Usher
Alle Illustrationen und Fotos von **Eberhard Gabler**, außer:
Computergrafik Jörg Mair, Bauanleitungen nach Vorlage des Autors: 63, 111, 113, 115, 117, 119, 121, 123
AdobeStock/lcrms: 64; **Biosphoto**/Claude Balcaen: 14; **Botanikfoto**/Heinz Hauser: 9; /mauritius images/Alamy/Mike Lane: 60, /Nick Upton: 118; /Roland T. Frank: 78; /imageBROKER: 70, 71-2; /Gerard Lacz: 97; /Tierfotoagentur/A. Brillen: 79; **Naturphoto.cz**/Jiri Bohdal: 2–3, 47; /Lubos Mraz: 31-2, 53-1; /Jan Sevcik: 45, 48; **OKAPIA**/ARDEA/John Daniels: 4-2, 86, /M. Watson: 58-1; /Hans Dieter Brandl: 56-1, /Fabrice Cahez/BIOS: 30-2; /FLPA/Gianpiero Ferrari: 49-2, /Mike Lane: 53-2; /imageBROKER/Herbert Kehrer: 59, /Hans Lang: 39, /Erhard Nerger: 16, 50-1, /Ulrich Niehoff: 74, U4-3/Franz Christoph Robiller: 52, /Michaela Walch: 58-2; /Mathias Schäf: 8, 44-2, 98; /Eric A. Soder: 92; /Bertus Webbink/KINA: 4-1, 30-1, 4l; **Shutterstock**/angel217: 68-2; /camper: 21-1; /Creaturart Images: 100; /Dilomski: 61; /Miriam Doerr Martin Frommherz: 83, 95-1; /Luka Hercigonja: 28-1; /MyImages - Micha: 88; /Sue Robinson: 95-2; /M Rose: 31-1; /Artemii Sanin: 56-2; /sasimoto: 11; /scooperdigital: 75; /stmilan: 87, U4-2; /Florian Teodor: 57-2, /victoras: 106; /Bildagentur Zoonar GmbH: 29-2; **Tierfotoagentur.de**/FLPA/Simon Litten: 71-1, /Paul Sawer: 5-1, 68-1, 5l; /m.blue-shadow: 66, 96-1; /Winfried Schäfer: 49-1, U4-1

Über den Autor
Eberhard Gabler ist ausgebildeter Gärtner und passionierter Vogelschützer. Er war über 30 Jahre lang Leiter des Vogelschutz- & Naturschutzzentrums Sindelfingen und erhielt mehrere Auszeichnungen, darunter 1988 und 1990 den »Europäischen Umweltpreis«. Im März 2018 erhielt er die Ehrennadel des Landes Baden-Württemberg für langjährige Dienste im Ehrenamt. Er schreibt und illustriert Bücher im Jagd- und Naturbereich und veröffentlicht Beiträge in deutschen wie österreichischen Jagdzeitschriften; sein Schwerpunkt ist die Ornithologie.

Wichtiger Hinweis
Das vorliegende Buch wurde sorgfältig erarbeitet. Dennoch erfolgen alle Angaben ohne Gewähr. Weder Autor noch Verlag können für eventuelle Nachteile oder Schäden, die aus den im Buch vorgestellten Informationen resultieren, eine Haftung übernehmen.

Ein Unternehmen der
GANSKE VERLAGSGRUPPE

 www.facebook.com/blvVerlag

Liebe Leserin und lieber Leser,

wir freuen uns, dass Sie sich für ein BLV-Buch entschieden haben. Mit Ihrem Kauf setzen Sie auf die Qualität, Kompetenz und Aktualität unserer Bücher.
Dafür sagen wir Danke!

Ihre Meinung ist uns wichtig, daher senden Sie uns bitte Ihre Anregungen, Kritik oder Lob zu unseren Büchern.

Haben Sie Fragen oder benötigen Sie weiteren Rat zum Thema?
Wir freuen uns auf Ihre Nachricht!

Wir sind für Sie da!
Montag – Donnerstag: 9.00–17.00 Uhr
Freitag: 9.00–16.00 Uhr

Telefon:
00800 / 72 37 33 33*
Telefax:
00800 l 50 12 05 44*
Mo–Do: 9.00–17.00 Uhr
Fr: 9.00–16.00 Uhr
(*gebührenfrei in D, A, CH)

E-Mail: leserservice@graefe-und-unzer.de

GRÄFE UND UNZER Verlag
Leserservice
Postfach 860313
81630 München

DIE KÖNNTEN SIE AUCH INTERESSIEREN.

ISBN 978-3-8354-1754-0

ISBN 978-3-8354-1750-2

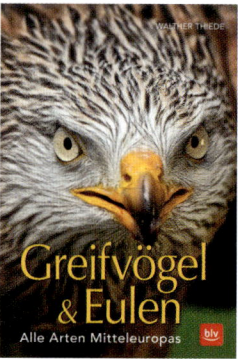

ISBN 978-3-8354-1898-1

ISBN 978-3-8354-1770-0

ISBN 978-3-8354-1908-7

ISBN 978-3-8354-1721-2

Mehr von BLV auf www.blv.de